U0635416

幼儿园教育见习实习手册

主编 时 松

华东师范大学出版社

图书在版编目（CIP）数据

幼儿园教育见习实习手册/时松主编. —上海：
华东师范大学出版社，2015.4
学前教育专业本科教材
ISBN 978 - 7 - 5675 - 3369 - 1

Ⅰ. ①幼⋯ Ⅱ. ①时⋯ Ⅲ. ①学前教育-高等学校-
教材 Ⅳ. ① G61

中国版本图书馆 CIP 数据核字（2015）第 075284 号

幼儿园教育见习实习手册

主　　编　时　松
项目编辑　蒋　将
审读编辑　张　伟
责任校对　赖芳斌
装帧设计　高　山

出版发行　华东师范大学出版社
社　　址　上海市中山北路 3663 号　邮编 200062
网　　址　www.ecnupress.com.cn
电　　话　021 - 60821666　行政传真 021 - 62572105
客服电话　021 - 62865537　门市(邮购)电话 021 - 62869887
地　　址　上海市中山北路 3663 号华东师范大学校内先锋路口
网　　店　http://hdsdcbs.tmall.com/

印 刷 者　常熟高专印刷有限公司
开　　本　787×1092　16 开
印　　张　20.75
字　　数　375 千字
版　　次　2015 年 6 月第 1 版
印　　次　2019 年 7 月第 3 次
书　　号　ISBN 978 - 7 - 5675 - 3369 - 1 / G·8169
定　　价　40.00 元

出 版 人　王　焰

（如发现本版图书有印订质量问题，请寄回本社客服中心调换或电话 021 - 62865537 联系）

编 委 名 单

主　编　时　松

参　编　才　华　　杜　聪　　公胜男　　凌晓俊　　李　雪　　马丽君
　　　　许　亭　　沈洪地　　时　松　　张新宇　　张　玲　　辛琦媛

编　委　陈慧君　　曹　莉　　胡连峰　　胡玲燕　　冀永慧　　李　峰
　　　　李雪艳　　贾慧慧　　刘　利　　梁　艳　　梁进龙　　柳　建
　　　　李永霞　　李　辉　　李　娟　　母远珍　　闵文斌　　王银玲
　　　　王　影　　王海燕　　万慧颖　　王　丹　　徐晓燕　　邢春娥
　　　　邢林宁　　张　婕　　钟文华　　赵　青　　张睿锟　　朱雯珊

前　言

2014 年教育部公布《关于实施卓越教师培养计划的意见》,明确提出要切实落实师范生到中小学教育实践不少于一个学期的制度,通过见习、实习等教育实践提高教学质量。教育见习实习在师范生专业成长过程中发挥着重要作用。教师是实践性很强的职业,而高师院校在以往的教学计划中仅仅安排学生在大四期间参加为期两个月的教育见习和实习,这就造成了学生因实践能力低而影响就业的现象。因此,加强师范生教育见习、实习的力度和质量刻不容缓。

学前教育专业"全实践"课程理念主张让学生从大一开始就接触幼教实践,直至毕业。实践这根神经始终跟其所学课程贯通着。通过实践可以让学生将课程中的公共理论转化成个人理论,通过对实践的学习、反思与批判将准幼儿教师的隐性知识显性化。在与幼儿零距离接触中,学生深入了解了幼儿教师这一职业特点,获得了鲜活的幼儿园课程、教学方法、职业环境等方面的知识,有利于自己职业生涯的规划,更是在职前教育中缩短了入职的适应期,为就业增加了自信和砝码。

2014 年,笔者参加中国学前教育研究会学前教育教师发展专业委员会在华中师范大学举办的第九届全国高等院校学前教育学术研讨会,并在分会场做了主题发言。发言中笔者提出要研发出一套独具学前专业特色的见习实习手册,以代替以往全校统一的实习手册,得到了参会者的普遍认同。会后,此书的出版计划得到了华东师范大学出版社蒋将老师的大力支持,在此表示衷心的感谢。

全书分为 10 篇,学前教育原理篇、幼儿园管理篇、幼儿园课程篇、学前儿童健康教育篇、学前儿童语言教育篇、学前儿童社会教育篇、学前儿童科学教育篇、学前儿童数学教育篇、学前儿童音乐教育篇、学前儿童美术教育篇。① 此书具备以下特点:

一、细化了实习中的观察要点

以往的实习手册更多的是让学生记录教学活动,比较笼统、单一、枯燥,而且这个任务往往需要学生后续才能完成,因此造成很多学生为应付上交实习手册不得不突击抄袭教案的弊端。本见习实习手册将学生需要观察、学习的要点详细呈现出来,学生在幼儿园见习实习

①　本书是教育部"关于落实学前教育专业教育实习不少于一学期制度"吉林师范大学试点工程阶段性成果,吉林省"十二五"教育科学规划重点课题"地方高师院校学前教育专业实践性取向人才培养模式研究"(ZD14067)阶段性成果。

时可以直接根据观察及时在相应的方框中打钩或记录、反思,将课堂中学习的理论知识和实践有效衔接,具有极强的专业指导性。

二、实习手册与所学课程贯通

实习手册下属的10篇皆为学前教育专业骨干课程,每一篇又细化分为若干单元。在"全实践"教学模式中,学生可以根据每学期所学课程有针对性地见习实习,能大大提高见习实习效果,做到活学活用,课上课下相促进。见习实习手册兼顾了集中实习和"全实践"见习实习模式的共同需求。各高校人才培养方案、课程设计存在一定的差异性,尤其是实施"全实践"教学模式的高校不必拘泥于本书中的章节顺序,可以根据所在高校的课程安排,每学期有针对性地选择见习、实习内容。

三、观察反思中提升专业能力

实习手册提供的观察要点,尤其是打钩部分,更多的是学前教育的"应然"状态,即幼儿园在开展保教工作中应该是什么样子的。实际上幼儿园工作的开展状况鱼龙混杂,存在着大量非专业、非科学的保教思想与行为,若学生不加评判地吸收,则很容易被错误的保教观点及行为"同化"。本实习手册起着"引领"的作用,通过实践观察,学生将"应然"与"实然"做对比,找出实践领域存在的不足,增强专业性。

四、轻松应对教师资格考试

2011年,教育部制定并颁布了《中小学和幼儿园教师资格考试标准(试行)》,力求改进考试内容,改革考试形式,严把教师职业入口关。本实习指南切实依据最新教师资格考试《保教知识与能力》大纲,涵盖教师资格考试中学前教育原理、学前儿童发展、生活指导、环境创设、游戏活动与指导、教育活动的组织与实施、教育评价等模块,将教育见习、实习与资格考试紧密配合,理论与实践齐头并进,润物细无声,旨在让学生在潜移默化中提升专业素养,成为一名优秀幼儿教师。

考虑到不同高校的人才培养方案、课程设置以及教材使用等存在着差异性,本见习实习手册的编写广泛征求了来自全国二十多所高校众多专家、教师的意见,目的是使实习手册能具有普遍适用性。此书的编写得到了学生的大力支持,从学生的视角加以编写,充分尊重学生意见,进而保证此书的实用性。

全书由时松负责统稿,具体分工如下:学前教育原理篇由张玲、许亭、杜聪、李雪、时松编写;幼儿园管理篇由姜楠、马丽君、辛琦媛、时松编写;幼儿园课程篇由马丽君、时松、朱璟编写;学前儿童健康教育篇由马丽君、辛琦媛编写;学前儿童语言教育篇由张玲、许亭、杜聪编写;学前儿童社会教育篇由凌晓俊、许亭、杜聪、张玲编写;学前儿童科学教育和学前儿童数学教育由马丽君、张玲、许亭、杜聪编写;学前儿童艺术教育由才华、张新宇、沈洪地、公胜男编写。

本书在编写的过程中,参考了相关教材、期刊等资料,标注如有遗漏,还望见谅,谨此致谢。由于编者水平有限,本书可能存在一些不当之处,真诚希望广大读者提出宝贵意见,不胜感激。

目　录

三　幼儿园课程篇 / 97

四　学前儿童健康教育篇 / 115

五　学前儿童语言教育篇 / 149

六　学前儿童社会教育篇 / 187

七　学前儿童科学教育篇 / 213

八　学前儿童数学教育篇 / 247

一

学前教育原理篇

致 读 者

亲爱的读者：

您好！

《学前教育原理》，或称为《学前教育学》、《学前教育概论》，各高校对这门课程的叫法存在一定差异，但主要是研究学前教育现象，揭示学前教育规律，增强学生职业素养，提升学前教育质量的一门基础学科，也是一个入门学科。《学前教育原理》覆盖的知识点较为广泛，本篇共有 20 个单元，从宏观和微观的角度引导学生对学前教育领域的一些基本问题进行访谈、观察、分析。各高校使用的教材存在一定的差异性，不同教材涵盖的知识点也不完全一致，甚至有较大出入，全国并无统一的大纲。鉴于此，求同存异，本篇主要选取了该学科的一些基本知识要点，如幼儿园发展现状、家长对学前教育的认识、幼儿园班级管理、幼儿游戏、幼儿园教育活动、幼小衔接、幼儿入园焦虑、家园合作、教师专业素养、幼儿教师专业发展等内容。因此，无论您使用、学习的是哪本教材，都可以以该实习手册为基础。

本篇涵盖了 20 个单元的主题内容。文中虽然给出了很多问题，但并不意味着每个问题都需要观察或有个明确的答案，千万不要将该实习手册当做一份作业，它只是一本工具书，起着指引的作用。比如，"幼儿园小学化"中的"小学化的表现"，如果您所在的班级保教科学合理，没有出现小学化现象，您就可以不用填写该栏目。各地区幼儿教育的发展千姿百态，教育活动的开展更是丰富多样，很多问题并没有统一的答案，甚至同一所幼儿园不同的班级，您观察的结果也大不相同，所以您要灵活使用该实习手册。该篇内容的编写主要参考了东北师范大学姚伟教授主编的《学前教育学》等教材，在此表示感谢。

主编

单元一：幼儿园发展现状访谈问卷（园长卷）

幼儿园：　　　　　　访谈对象：　　　　　　日期：

幼儿园 主办单位	☐ 教育部门 ☐ 国有企业 ☐ 事业单位 ☐ 社会团体或民间团体 ☐ 其他(具体写明)＿＿＿＿＿＿＿＿	☐ 其他地方政府机关 ☐ 集体或民营企业 ☐ 居委会或村委会 ☐ 公民个人
幼儿园 主管单位	☐ 教育部门 ☐ 国有企业 ☐ 事业单位 ☐ 社会团体或民间团体 ☐ 其他(具体写明)＿＿＿＿＿＿＿＿	☐ 其他地方政府机关 ☐ 集体或民营企业 ☐ 居委会或村委会 ☐ 公民个人
园长对学前 教育性质的 态度	☐ 国家基础教育事业的组成部分 ☐ 终身教育的起点 ☐ 其他＿＿＿＿＿＿＿＿＿＿＿＿＿＿＿＿	☐ 社会公共福利事业 ☐ 应该属于义务教育的范畴
园长对学前 教育功能的 认识	☐ 保育和教育的双重功能　　　　　　☐ 为孩子的一生奠基 ☐ 为入小学做准备 ☐ 为家长解决后顾之忧,提供服务 ☐ 帮助和引领家长形成正确的育儿观念和教育观念 ☐ 对幼儿实施全面发展的教育,促进幼儿各方面的和谐发展 ☐ 其他＿＿＿＿＿＿＿＿＿＿＿＿＿＿＿＿＿＿＿＿＿＿＿＿		
园长在办园 过程中遇到 的困难	☐ 资金不足　　　　　　　　　　　　☐ 硬件条件差 ☐ 家长的教育观念和幼儿园之间不一样 ☐ 师资队伍的问题：＿＿＿＿＿＿＿＿＿＿＿＿＿＿＿＿＿＿ ＿＿＿＿＿＿＿＿＿＿＿＿＿＿＿＿＿＿＿＿＿＿＿＿＿＿＿ ☐ 体制问题：＿＿＿＿＿＿＿＿＿＿＿＿＿＿＿＿＿＿＿＿＿＿ ＿＿＿＿＿＿＿＿＿＿＿＿＿＿＿＿＿＿＿＿＿＿＿＿＿＿＿ ☐ 幼儿园之间的不良竞争：＿＿＿＿＿＿＿＿＿＿＿＿＿＿＿＿ ＿＿＿＿＿＿＿＿＿＿＿＿＿＿＿＿＿＿＿＿＿＿＿＿＿＿＿		

园长在办园过程中遇到的困难	□ 政策问题：＿＿＿＿＿＿＿＿＿＿＿＿＿＿＿＿ ＿＿＿＿＿＿＿＿＿＿＿＿＿＿＿＿＿＿＿＿＿＿ ＿＿＿＿＿＿＿＿＿＿＿＿＿＿＿＿＿＿＿＿＿＿ □ 学前教育立法问题：＿＿＿＿＿＿＿＿＿＿＿＿ ＿＿＿＿＿＿＿＿＿＿＿＿＿＿＿＿＿＿＿＿＿＿ ＿＿＿＿＿＿＿＿＿＿＿＿＿＿＿＿＿＿＿＿＿＿ □ 其他＿＿＿＿＿＿＿＿＿＿＿＿＿＿＿＿＿＿＿＿ ＿＿＿＿＿＿＿＿＿＿＿＿＿＿＿＿＿＿＿＿＿＿ ＿＿＿＿＿＿＿＿＿＿＿＿＿＿＿＿＿＿＿＿＿＿
需要政府、社会提供哪些支持和帮助	□ 增加经费投资，并且纳入财政预算 □ 政府重视学前教育，并倡导社会重视学前教育 □ 解决师资队伍的问题——确定编制，给予培训机会，提高专业素养，提高经济待遇与社会地位等 □ 规范办园行为，取缔不合格的幼儿园 □ 加强对幼儿园办学质量的监督与评价 □ 提高对民办学前教育的支持与资助 □ 逐步将学前教育纳入义务教育体系 □ 规范幼儿园收费 □ 给予幼儿教育机构政策优惠 □ 理清幼儿园管理体制 □ 加强学前教育科学研究 □ 加快学前教育立法 □ 其他＿＿＿＿＿＿＿＿＿＿＿＿＿＿＿＿＿＿＿＿ ＿＿＿＿＿＿＿＿＿＿＿＿＿＿＿＿＿＿＿＿＿＿ ＿＿＿＿＿＿＿＿＿＿＿＿＿＿＿＿＿＿＿＿＿＿
幼儿园向家长的收费标准由谁制定	□ 物价部门或发改委、教育部门、财政部门共同制定 □ 以上四个部门的某一个部门制定 □ 幼儿园自行决定后，报物价部门或发改委备案 □ 幼儿园自行决定 □ 其他＿＿＿＿＿＿＿＿＿＿＿＿＿＿＿＿＿＿＿＿ ＿＿＿＿＿＿＿＿＿＿＿＿＿＿＿＿＿＿＿＿＿＿ ＿＿＿＿＿＿＿＿＿＿＿＿＿＿＿＿＿＿＿＿＿＿
幼儿园的发展应该由谁负责	□ 教育部门　　　　　　　　　□ 政府 □ 社会、家庭、幼儿园共同负责 □ 其他＿＿＿＿＿＿＿＿＿＿＿＿＿＿＿＿＿＿＿＿ ＿＿＿＿＿＿＿＿＿＿＿＿＿＿＿＿＿＿＿＿＿＿

续　表

上级教育行政部门负责的主要事务	☐ 学前教育事业的规划　　☐ 学前教育政策制定 ☐ 经费支持　　☐ 基础设施建设 ☐ 业务指导　　☐ 课程安排和教材审定 ☐ 学前教育的政策引导，明确方向，对幼儿园办学方向的引领 ☐ 幼儿园教育质量标准的制定、质量的检查与监督 ☐ 幼儿园的布局、办园资格的审核、办园质量的评价、依法办园的监督 ☐ 师资的编制、待遇、地位、调配和培训等 ☐ 其他_____
幼儿园经费来源的渠道及比例	☐ 财政性教育拨款_____%　　☐ 各地方政府拨款_____% ☐ 主办单位投入_____%　　☐ 家长交费_____% ☐ 幼儿园自筹_____% ☐ 其他_____
每位家长月平均交费	大班：_____ 中班：_____ 小班：_____ 托班：_____
家长交费中所包含项目	☐ 捐资助学（赞助费）_____%　　☐ 伙食费_____% ☐ 保教费_____%　　☐ 交通费_____% ☐ 课外班费用_____% ☐ 其他_____
幼儿园主要收费方式	保教费：☐ 按月收费　☐ 按学期收费　☐ 按服务时间收费　☐ 其他_____ 捐资助学费（赞助费）：☐ 入园时三年的赞助费一并交齐　☐ 按学年收　☐ 折算到每月交费中　☐ 其他（具体）_____
幼儿园教师基本状况	☐ 教师人数：_____　　☐ 教师平均年龄：_____ ☐ 教师学历所占比例：研究生_____%；本科_____%　大专_____%；中专_____%；高中_____% ☐ 教师职称所占比例：小学高级_____%；小学一级_____%；中学一级_____%；二级教师_____%；三级教师_____% ☐ 获教师资格证书的人数比例：_____% ☐ 教师年平均收入：_____ ☐ 教师编制情况：_____ ☐ 其他_____

请园长谈谈她/他对本园未来发展的整体规划。

单元二：学前教育发展现状访谈问卷（家长卷）

幼儿园：　　　　　　　访谈对象：　　　　　　　日期：

1. 您为什么送孩子上幼儿园？
□ 促进幼儿发展　　　　　□ 为入小学做准备　　　　　□ 解决家长后顾之忧
□ 其他（具体写明）_____
_____

2. 您为孩子上幼儿园所交费用数额
□ 每月交费_____元
□ 赞助费_____元
□ 其他（具体写明）_____

3. 您对孩子上的幼儿园满意吗？请具体说一说对哪些地方满意，对哪些地方不满意？

4. 您觉得幼儿园应该是什么样的？

5. 您在教育孩子时是否遇到困难？如果有，具体是什么困难？

单元三：学前教育与社会发展

幼儿园：   被访谈教师：   日期：

请分析社会因素对您所在幼儿园发展的影响。

1. 经济方面（可从当地经济发展水平等角度分析）：

_____

_____

_____

_____

2. 政治方面（可从行政管理、教育财政等角度分析）：

_____

_____

_____

_____

3. 文化方面（可从文化环境、文化传统等角度分析）：

_____

_____

_____

_____

4. 社会人口方面（可从人口分布、人口数量、人口结构等角度分析）：

_____

_____

_____

_____

5. 其他方面：_____

_____

_____

单元四：幼儿园班级的特征、功能与管理

幼儿园：　　　　　　　　　班级：　　　　　　　　　日期：

班级特征	□ 制度性　　　　　□ 集体性 □ 规律性　　　　　□ 保教渗透性 □ 其他＿＿＿＿＿＿＿＿＿＿＿＿＿＿＿＿＿＿＿＿＿		
班级功能	□ 规范功能　　　　　□ 发展功能 □ 激励功能　　　　　□ 其他＿＿＿＿＿＿＿＿＿＿＿＿		
班级日常生活管理	内容	□ 对幼儿健康状况进行观察和检查 □ 关心和照顾幼儿，培养良好行为习惯 □ 教师加强与家长的联系与配合 □ 创设良好的生活环境及和谐的人际氛围 □ 其他＿＿＿＿＿＿＿＿＿＿＿＿＿＿＿＿＿	
	组织与实施策略	□ 科学合理地安排幼儿一日生活 □ 建立良好的师幼关系 □ 创设丰富的活动环境 □ 加强生活环节的管理 □ 其他＿＿＿＿＿＿＿＿＿＿＿＿＿＿＿＿＿	
个案观察			
反思与建议			

单元五：幼儿行为观察与指导

幼儿园：　　　　　　　　班级：　　　　　　　　日期：

幼儿行为观察的作用	☐ 可以深入了解幼儿发展水平 ☐ 是了解幼儿行为最适宜的方法 ☐ 能够记录幼儿真实的、自然的表现 ☐ 其他＿＿＿＿＿＿＿＿＿＿＿＿＿＿＿＿＿＿＿
幼儿行为观察的方法	☐ 日记描述法　　　　　　　　☐ 时间取样法 ☐ 事件取样法 ☐ 其他＿＿＿＿＿＿＿＿＿＿＿＿＿＿＿＿＿＿＿
幼儿行为指导的价值	☐ 帮助幼儿形成良好的行为规范 ☐ 调控与改善幼儿不良的行为习惯 ☐ 为幼儿当前与今后的快乐生活奠定基础 ☐ 其他＿＿＿＿＿＿＿＿＿＿＿＿＿＿＿＿＿＿＿
幼儿行为指导的原则	☐ 主动性原则　　　　　　　　☐ 实践性原则 ☐ 过程性原则　　　　　　　　☐ 差异性原则 ☐ 其他＿＿＿＿＿＿＿＿＿＿＿＿＿＿＿＿＿＿＿
幼儿行为指导的方法	☐ 角色扮演法　　　　　　　　☐ 行为调控法 ☐ 榜样示范法 ☐ 其他＿＿＿＿＿＿＿＿＿＿＿＿＿＿＿＿＿＿＿
个案观察	
反思与建议	

单元六：幼儿园教育活动

幼儿园：　　　　　　　　班级：　　　　　　　日期：
观察对象：　　　　　　　年龄：　　　　　　　性别：
注：部分内容可做个案观察

特点	☐ 目的性　☐ 计划性　☐ 统一性 ☐ 多样性　☐ 整合性　☐ 其他＿＿＿＿＿＿＿＿＿＿＿＿＿＿＿＿		
类型	从活动性质划分	☐ 游戏活动　☐ 教学活动 ☐ 其他＿＿＿＿＿＿＿＿＿＿＿＿＿＿＿＿＿＿＿＿＿＿＿＿	
	从活动内容划分	健康教育活动	☐ 身体健康，在集体生活中情绪稳定、愉快 ☐ 生活、卫生习惯良好，有基本的生活自理能力 ☐ 知道必要的安全保健常识，学习保护自己 ☐ 喜欢参加体育活动，动作协调、灵活 ☐ 其他＿＿＿＿＿＿＿＿＿＿＿＿＿＿＿＿＿
		社会教育活动	☐ 能主动参与各项活动，有自信心 ☐ 乐意与人交往，学习互助、合作和分享，有同情心 ☐ 理解并遵守日常生活中基本的社会行为规则 ☐ 能努力做好力所能及的事，不怕困难，有初步的责任感 ☐ 爱父母、长辈、老师和同伴，爱集体，爱家乡，爱祖国 ☐ 其他＿＿＿＿＿＿＿＿＿＿＿＿＿＿＿＿＿
		科学教育活动	☐ 对周围的事物、现象感兴趣，有好奇心和求知欲 ☐ 能运用各种感官，动手动脑，探究问题 ☐ 能用适当的方式表达、交流探索的过程和结果 ☐ 能从生活和游戏中感受事物的数量关系并体验到数学的重要和有趣 ☐ 爱护动植物，关心周围环境，亲近大自然，珍惜自然资源，有初步的环保意识 ☐ 其他＿＿＿＿＿＿＿＿＿＿＿＿＿＿＿＿＿
		语言教育活动	☐ 乐意与人交谈，讲话礼貌 ☐ 注意倾听对方讲话，能理解日常用语 ☐ 能清楚地讲出自己想说的事 ☐ 喜欢听故事、看图书 ☐ 能听懂和会说普通话 ☐ 其他＿＿＿＿＿＿＿＿＿＿＿＿＿＿＿＿＿

类型	从活动内容划分	艺术教育活动	☐ 能初步感受并喜爱环境、生活和艺术中的美 ☐ 喜欢参加艺术活动,并大胆地表现自己的情感和体验 ☐ 能用自己喜欢的方式进行艺术表现活动 ☐ 其他＿＿＿＿＿＿＿＿＿＿＿＿＿＿＿＿＿
	从活动组织形式划分	集体活动	☐ 提供给幼儿大量共同的经验 ☐ 幼儿在集体活动中相互启发,发展自律与合作意识 ☐ 其他＿＿＿＿＿＿＿＿＿＿＿＿＿＿＿＿＿
		小组活动	☐ 幼儿自主探索的机会多,可以充分表现自己 ☐ 培养幼儿独立、自主、协作等精神和能力 ☐ 其他＿＿＿＿＿＿＿＿＿＿＿＿＿＿＿＿＿
		个别活动	☐ 幼儿独立活动、教师予以个别指导 ☐ 教师因人施教,发挥幼儿的主体性 ☐ 其他＿＿＿＿＿＿＿＿＿＿＿＿＿＿＿＿＿
	从活动主体划分	幼儿自选活动	☐ 比较关注幼儿自身的兴趣和学习需要 ☐ 其他＿＿＿＿＿＿＿＿＿＿＿＿＿＿＿＿＿
		教师指定活动	☐ 教师组织计划　☐ 对幼儿直接指导 ☐ 其他＿＿＿＿＿＿＿＿＿＿＿＿＿＿＿＿＿
教育活动构成要素	教师		☐ 教师是教育活动的设计者、组织者、指导者、参与者和评价者 ☐ 教师自身具有榜样作用　　☐ 指导教育活动适时、适度 ☐ 适时对幼儿进行奖惩　　☐ 尊重幼儿、维护幼儿权利 ☐ 教学经验丰富,能灵活巧妙地处理教育活动中的突发状况 ☐ 其他＿＿＿＿＿＿＿＿＿＿＿＿＿＿＿＿＿
	幼儿		☐ 幼儿是教育活动的主体　　☐ 幼儿注意力集中 ☐ 幼儿与教师、同伴有效交流 ☐ 具有良好的集体生活习惯 ☐ 幼儿对教育内容感兴趣　　☐ 能全身心投入活动中 ☐ 其他＿＿＿＿＿＿＿＿＿＿＿＿＿＿＿
	教育内容		☐ 活动内容科学　　☐ 难易适当 ☐ 符合幼儿自身特点　　☐ 其他＿＿＿＿＿＿
	环境和材料		☐ 环境材料安全　　☐ 注重环境创设 ☐ 其他＿＿＿＿＿＿＿＿＿＿＿＿＿＿＿＿＿

教育活动构成要素	方法	□ 示范法 □ 练习法	□ 讲解法 □ 发现法	□ 参观法 □ 其他＿＿＿＿＿＿
	组织形式	□ 集体教育活动 □ 其他＿＿＿＿＿＿	□ 小组教育活动	□ 个别教育活动

请详细记录一个幼儿园教育活动。

活动名称：

活动目标：

活动准备：

活动过程：

活动延伸：

优点：

缺点：

单元七：幼儿园教育活动指导方法与实施原则

幼儿园：　　　　　　　　班级：　　　　　　　　日期：

指导方法	☐ 讲解法　　　　　　　☐ 谈话法　　　　　　☐ 观察法 ☐ 演示法　　　　　　　☐ 示范法　　　　　　☐ 练习法 ☐ 发现法　　　　　　　☐ 游戏法 ☐ 其他_____
实施原则	☐ 整合性原则　　　　　　☐ 活动性原则 ☐ 直观性原则　　　　　　☐ 因人施教原则 ☐ 其他_____ _____
个案观察	
反思与建议	

单元八：幼儿园游戏

幼儿园：　　　　　　　　班级：　　　　　　　　日期：

角色游戏	角色游戏的特点	☐ 假象性　　　　　　　　☐ 主动性 ☐ 创造性 ☐ 其他_____
	角色游戏的指导	☐ 丰富幼儿对角色的认识 ☐ 和幼儿共同创设游戏的物质条件 ☐ 帮助幼儿学会分配和扮演角色 ☐ 善于观察幼儿，与幼儿互动，促进游戏情节的发展 ☐ 其他_____
	请详细记录一个幼儿园的角色游戏。（从游戏的主体、角色、材料、动作、情节等方面记录） 	

结构游戏	小班	基本特点	□ 比较关注建构动作　　　　□ 目的性、计划性差 □ 选取的材料比较简单,建构技能简单 □ 自控能力差,持久性差 □ 其他＿＿＿＿＿＿＿＿＿＿＿＿＿＿＿＿＿＿＿＿
		指导要点	□ 引导幼儿认识结构材料,学习结构技能 □ 引导幼儿有意识地给自己的结构物命名,提高游戏的计划性和目的性 □ 引导幼儿逐渐明确游戏的主题,提高主题的稳定性 □ 初步建立结构游戏的规则,教会幼儿爱护、整理、保管玩具的方法 □ 其他＿＿＿＿＿＿＿＿＿＿＿＿＿＿＿＿＿＿＿＿
	中班	基本特点	□ 对建构过程和结果都感兴趣 □ 建构的目的性、计划性明确 □ 能围绕主题开展游戏 □ 建构主题相对明确 □ 能够独立整理结构游戏的材料 □ 其他＿＿＿＿＿＿＿＿＿＿＿＿＿＿＿＿＿＿＿＿
		指导要点	□ 教师借助生活活动和教育活动丰富幼儿的生活经验 □ 引导幼儿设计建构方案,提高游戏的目的性和计划性 □ 提高幼儿的建构技能,幼儿能根据平面图进行建构 □ 引导幼儿在独立操作的同时相互合作,开展小组活动、分工合作 □ 组织幼儿开展评议活动,取长补短,发展创造性思维,提高建构水平 □ 其他＿＿＿＿＿＿＿＿＿＿＿＿＿＿＿＿＿＿＿＿
	大班	基本特点	□ 幼儿建构的目的性、计划性、持久性增强 □ 相互之间合作加强 □ 建构技能不断提高,日趋成熟 □ 游戏的灵活性增强,能根据游戏情景产生新的建构主题 □ 其他＿＿＿＿＿＿＿＿＿＿＿＿＿＿＿＿＿＿＿＿
		指导要点	□ 培养幼儿独立建构的能力,能在制订计划的基础上按计划建构 □ 提高建构目的性,利用建构材料和辅助材料围绕一个主题进行建构 □ 引导幼儿进行游戏评议,提高其评价能力 □ 鼓励和引导幼儿加强合作,开展集体建构活动 □ 开展集体建构活动,共同设计方案,分工明确,明确规则 □ 其他＿＿＿＿＿＿＿＿＿＿＿＿＿＿＿＿＿＿＿＿

请详细记录一个幼儿园的结构游戏。

续　表

分类	☐ 桌面游戏　　　　☐ 木偶游戏　　　　☐ 影子性游戏 ☐ 其他＿＿＿＿＿＿＿＿＿＿＿＿＿＿＿＿＿＿＿＿＿＿			
特点	☐ 表演性　　　　　☐ 游戏性 ☐ 其他＿＿＿＿＿＿＿＿＿＿＿＿＿＿＿＿＿＿＿＿＿＿			
指导 要点	☐ 选择合适于幼儿表演的文学作品 ☐ 帮助幼儿理解作品的内容，掌握故事的情节和人物的形象特点 ☐ 帮助和支持幼儿进行游戏 ☐ 其他＿＿＿＿＿＿＿＿＿＿＿＿＿＿＿＿＿＿＿＿			

表演游戏

请详细记录一个表演游戏。（请从游戏的主题、角色、情节、材料、动作与对白等方面进行记录）

| 特点 | ☐ 规则性　　　　　　　　　　　☐ 竞争性
☐ 其他＿＿＿＿＿＿＿＿＿＿＿＿＿＿＿＿＿＿＿
＿＿＿＿＿＿＿＿＿＿＿＿＿＿＿＿＿＿＿＿＿＿ |
| 指导
要点 | ☐ 选择和编制适合幼儿的有规则游戏
☐ 教会幼儿游戏的玩法
☐ 其他＿＿＿＿＿＿＿＿＿＿＿＿＿＿＿＿＿＿＿
＿＿＿＿＿＿＿＿＿＿＿＿＿＿＿＿＿＿＿＿＿＿ |

有规则的游戏

请详细记录一个有规则的游戏。（从游戏的任务、玩法、规则、结果等方面记录）

单元九：幼儿园环境

幼儿园：　　　　　　　　班级：　　　　　　　　日期：

幼儿园环境创设的原则	☐ 美观性原则 ☐ 参与性原则 ☐ 安全性原则 ☐ 其他_____ _____		☐ 适宜性原则 ☐ 经济性原则
幼儿园物质环境的创设	户外环境	构成	☐ 集体活动区　　　　　　　☐ 机械设备区 ☐ 种植饲养区 ☐ 其他_____
		创设	☐ 地面安全、实用 ☐ 机械材料适宜、数量合理 ☐ 游戏场地的结构设计科学　　☐ 绿化适当 ☐ 其他_____
		作用	☐ 增强幼儿对外界环境的适应力,促进幼儿生长发育 ☐ 锻炼幼儿身体,发展机体灵活性和基本动作 ☐ 为幼儿提供亲近自然、认识周围环境的机会和场所 ☐ 其他_____
	户内环境	创设	☐ 给幼儿足够空间开展各种活动 ☐ 活动区数量、面积适宜 ☐ 活动区互不干扰 ☐ 安全、卫生 ☐ 幼儿有独处的地方 ☐ 对幼儿的行为具有约束作用 ☐ 其他_____
		活动区的划分	☐ 图书　　　　　☐ 表演游戏　　　　☐ 美工区 ☐ 音乐区　　　　☐ 自然区　　　　　☐ 数学区 ☐ 积木区　　　　☐ 沙、水游戏区　　☐ 角色游戏区 ☐ 其他_____

幼儿园物质环境的创设	户内环境	材料的投放标准	□ 每个活动区都有一些必备的物品和材料 □ 各活动区材料数量适宜 □ 材料的性质和种类符合幼儿的年龄特点与个别差异 □ 材料安全卫生 □ 材料摆放合理 □ 其他＿＿＿＿＿＿＿＿＿＿＿＿＿＿＿＿＿
		墙面布置	□ 配合课程内容,具有教育目的 □ 幼儿参与墙面布置,放置幼儿作品 □ 适合幼儿观察视线 □ 符合幼儿的美感特点,培养幼儿的审美情趣 □ 定期更换 □ 其他＿＿＿＿＿＿＿＿＿＿＿＿＿＿＿＿＿
幼儿心理环境的创设	满足幼儿的基本需要	满足幼儿生理需要	□ 饮水、进餐自由 □ 如厕自由 □ 其他＿＿＿＿＿＿＿＿＿＿＿＿＿＿＿＿＿ ＿＿＿＿＿＿＿＿＿＿＿＿＿＿＿＿＿＿＿
		满足幼儿情感需要	□ 教师对幼儿进行肢体上的爱抚 □ 与幼儿交谈语气温和 □ 其他＿＿＿＿＿＿＿＿＿＿＿＿＿＿＿＿＿ ＿＿＿＿＿＿＿＿＿＿＿＿＿＿＿＿＿＿＿
		满足幼儿交往需要	□ 交往的时间自由 □ 为幼儿创设自由交谈的环境与氛围 □ 其他＿＿＿＿＿＿＿＿＿＿＿＿＿＿＿＿＿ ＿＿＿＿＿＿＿＿＿＿＿＿＿＿＿＿＿＿＿
		满足幼儿自尊与自信心需要	□ 批评注意时间、场合、地点 □ 批评公正客观,不伤害幼儿自尊心、自信心,不侮辱幼儿的人格 □ 以正面鼓励与表扬为主,批评为辅 □ 其他＿＿＿＿＿＿＿＿＿＿＿＿＿＿＿＿＿ ＿＿＿＿＿＿＿＿＿＿＿＿＿＿＿＿＿＿＿
	教师积极主动与幼儿交往		□ 交往过程中以平等的态度对待幼儿 □ 教师学会倾听,用积极主动的方式鼓励幼儿说话 □ 运用表情、动作、姿态与空间距离等非语言沟通的方式与幼儿沟通 □ 其他＿＿＿＿＿＿＿＿＿＿＿＿＿＿＿＿＿ ＿＿＿＿＿＿＿＿＿＿＿＿＿＿＿＿＿＿＿

描述您所在的幼儿园环境创设。

单元十：幼儿教育小学化

幼儿园：　　　　　　　班级：　　　　　　　日期：

幼儿园小学化的表现	☐ 班级规模小学化,幼儿园班级规模较大,幼儿人数等同或超过小学 ☐ 课程模式小学化,以单纯的学科课程为主,桌椅摆放队列式,呈现小学化课堂 ☐ 教学内容小学化,偏重知识内容的学习,出现写数字、做算数、学拼音等 ☐ 教学方法小学化,忽视幼儿学习过程,重视学习结果 ☐ 一日活动安排小学化,户外活动少,区角游戏及其他游戏难以得到保证,大多用于上课 ☐ 组织形式小学化,基本上以集体活动为主,实行"满堂灌",忽略小组活动、个别活动 ☐ 教学要求小学化,教师要求幼儿一切行动听指挥 ☐ 其他＿＿＿＿＿＿＿＿＿＿＿＿	
影响	☐ 幼儿园"小学化"影响小学正常的教学秩序 ☐ 使幼儿形成不良的学习习惯,产生厌学、畏惧等不良情绪,严重的影响幼儿身心健康发展 ☐ 误导社会教育风气,部分家长为使孩子赢在起跑线上而"拔苗助长",要求幼儿园实施"小学化"教育 ☐ 其他＿＿＿＿＿＿＿＿＿＿＿＿ ＿＿＿＿＿＿＿＿＿＿＿＿＿＿	
预防幼儿园小学化的策略	更新观念、端正办园思想	☐ 教育行政部门通过组织多种形式的学习和讨论活动,深入理解《纲要》、《指南》的精神实质 ☐ 更新幼儿园园长(幼儿园举办者)、教师的教育观念,尊重幼儿身心发展的规律和学习特点,切实实施符合幼儿发展的学前教育 ☐ 加大对幼儿园园长和幼儿教师的培训力度 ☐ 教育行政部门和教科研部门充分挖掘培训资源,积极构建多元、开放、多向选择的培训体系,切实提高幼儿教师队伍的整体素质和专业水平 ☐ 其他＿＿＿＿＿＿＿＿＿＿＿
	依法治教规范办园行为	☐ 严格实行幼儿园教师资格准入制度 ☐ 严格按照国家规定的标准划分年龄班并按规范统一班级名称:托班(2-3周岁)、小班(3-4周岁)、中班(4-5周岁)、大班(5-6周岁) ☐ 严格规范幼儿园教学用书的管理 ☐ 其他＿＿＿＿＿＿＿＿＿＿＿
	遵循规律,保障幼儿健康成长	☐ 幼儿园遵循幼儿身心发展规律,以游戏为基本活动形式,科学合理安排幼儿一日活动 ☐ 不准使用小学教材和其他不规范用书进行教学活动 ☐ 不准教学拼音、汉字书写、笔算、珠算、心算等小学教学内容 ☐ 不准给幼儿布置家庭书写作业 ☐ 不准进行任何形式的知识性测验和考试

预防幼儿园小学化的策略	遵循规律，保障幼儿健康成长	□ 不准举办各种形式的小学预科班 □ 不准在正常的幼儿一日活动时间内举办收费性质的兴趣特长班 □ 其他＿＿＿＿＿＿＿＿＿＿＿＿＿
	严格执行国家课程标准，做好"幼小"衔接	□ 教育行政部门、教科研部门加强对小学办学行为的管理和指导，积极为新入学的幼儿创造适应小学生活的环境和条件 □ 严禁小学入学时进行各种形式的面试或笔试 □ 小学严格执行教学进度计划，不得随意删减教学内容、调整教学进度，不得根据学生已经掌握的课本知识的程度分班 □ 其他＿＿＿＿＿＿＿＿＿＿＿＿＿＿＿＿＿＿＿＿＿＿＿＿＿＿＿＿＿
	注重宣传，营造良好的社会氛围	□ 教育行政部门充分利用媒体、举办家长讲座等形式，加大宣传力度，引导家长树立科学的育儿理念 □ 幼儿园充分利用家长学校、家长开放日、家长会、宣传栏等多种途径进行宣传，让家长进一步明确幼儿园的办园宗旨、办园方向和办园目的，转变家长观念，逐步形成共同关注、积极共育的良好氛围 □ 其他＿＿＿＿＿＿＿＿＿＿＿＿＿
	完善督导检查	□ 教育行政部门、教科研部门将防止和纠正幼儿园"小学化"倾向作为重要的研究内容 □ 通过组织观摩、专题研讨、经验交流、课题研究等活动，不断探索、总结经验，充分发挥示范性幼儿园的榜样与引领作用，并借助媒体等途径，宣传和推广做法与经验 □ 教育行政部门将幼儿园"小学化"倾向作为日常和年度督导检查与评估的重要内容，加大督导检查力度，对检查中发现存在"小学化"倾向的幼儿园要给予警告，要求限期整改，对整改达不到要求的，通过媒体向社会公布 □ 将幼儿园是否存在"小学化"倾向作为幼儿园晋级、评优的重要指标，实行一票否决 □ 注重对幼儿园"小学化"倾向问题的过程管理，通过明察暗访、定期座谈、电话举报等方式，加强对幼儿园的监督，促进幼儿园健康有序的发展 □ 其他＿＿＿＿＿＿＿＿＿＿＿＿＿
个案观察		

反思与建议	

单元十一：幼儿园与小学教育的衔接

幼儿园：　　　　　　　　班级：　　　　　　　　日期：

内容		□ 帮助幼儿心理适应 □ 帮助幼儿生理适应 □ 帮助幼儿能力适应 □ 其他＿＿＿＿＿＿＿＿＿＿＿＿＿＿＿＿＿＿＿＿＿＿＿
幼儿园教育与小学教育的差异	社会要求的差异	□ 幼儿园以游戏为主，小学以教学为主 □ 幼儿园强调生活、游戏，不带强制性，小学学习性和纪律性更强 □ 幼儿园活动以无意性和具体形象性为主，幼儿压力小，责任意识少，小学的学习具有义务性，需要付出一定意志努力 □ 其他　＿＿＿＿＿＿＿＿＿＿＿＿＿＿＿＿＿＿＿＿
	生活制度上的差异	□ 生活节奏发生变化，主要活动内容与制度不一样 □ 小学以课堂学习为主，集中教学活动时间长，幼儿园以游戏活动为主，时间较为自由 □ 其他　＿＿＿＿＿＿＿＿＿＿＿＿＿＿＿＿＿＿＿＿
	人际关系上的差异	□ 幼儿园保教并重，教师整日与幼儿相伴，小学的教师把主要精力放在教学上，和学生接触主要在课堂 □ 师生比例幼儿园高于小学 □ 经过幼儿园2-3年的共同生活与学习，幼儿彼此熟悉友好，小学一年级孩子进入新的学校和班级，需要建立新的伙伴关系 □ 其他＿＿＿＿＿＿＿＿＿＿＿＿＿＿＿＿＿＿＿＿
	学习环境的差异	□ 幼儿园学习、生活环境相对集中，小学场地宽阔，幼儿的活动空间更大 □ 幼儿园通常布置各种区角活动供幼儿互相观察、游戏、休息使用，小学只有成套的桌椅 □ 其他＿＿＿＿＿＿＿＿＿＿＿＿＿＿＿＿＿＿＿＿
	教育内容、方式与评价的差异	□ 幼儿园以启蒙教育为主；小学以系统化的学习为主，一般采用书面语言 □ 幼儿园的教学活动从幼儿思维的具体形象出发，常用直观的教具、游戏引入活动；小学以课堂教学为主，强调纪律意识 □ 幼儿园教师较重视激发幼儿的想象力；小学教师较重视对孩子知识、能力的培养 □ 其他＿＿＿＿＿＿＿＿＿＿＿＿＿＿＿＿＿＿＿＿

大班入学准备	☐ 培养幼儿良好的入学动机 　　☐ 组织幼儿参观附近小学，并逐步熟悉小学的学习环境 　　☐ 观察一年级小学生的上下课情况 　　☐ 观摩小学生的升旗仪式、队列操等 　　☐ 与本园毕业的小学生一起春游、联欢，或请他们回园谈谈自己进小学后的感想 　　☐ 与园里的小弟弟、小妹妹们举行告别联欢会 　　☐ 其他＿＿＿＿＿＿＿＿＿＿＿＿＿＿＿＿＿＿＿＿
	☐ 增强幼儿的社会适应能力 　　☐ 逐渐提出一些独立完成的学习、劳动任务 　　☐ 幼儿学习自我服务，做自己能做的事 　　☐ 幼儿尊敬师长，友爱同伴，乐于助人 　　☐ 其他＿＿＿＿＿＿＿＿＿＿＿＿＿＿＿＿＿＿＿＿
	☐ 提高幼儿的基本学习能力 　　☐ 听的能力 　　☐ 说的能力 　　☐ 读的能力 　　☐ 写的能力 　　☐ 其他＿＿＿＿＿＿＿＿＿＿＿＿＿＿＿＿＿＿＿＿
	☐ 帮助幼儿形成良好的学习习惯 　　☐ 上课姿态端正，专心听讲 　　☐ 爱提问，勤思考 　　☐ 正确的握笔、写字姿势 　　☐ 按时、认真地完成学习任务，严格遵守作息制度 　　☐ 其他＿＿＿＿＿＿＿＿＿＿＿＿＿＿＿＿＿＿＿＿
	☐ 做好家长工作，引导家长走出家教误区 　　☐ 请有较多经验的教师或家长做有关幼小衔接的专题讲座 　　☐ 引导家长正确评价自己的孩子，调整好家教计划，全面认识幼儿的发展 　　☐ 其他＿＿＿＿＿＿＿＿＿＿＿＿＿＿＿＿＿＿＿＿

单元十二：幼儿园与家庭教育衔接的方式

幼儿园：　　　　　　　　　班级：　　　　　　　　　日期：

个别方式	☐ 家庭访问　　　☐ 个别交谈　　　☐ 家园联系手册 ☐ 家长咨询　　　☐ 教师信箱和便签　☐ 电话、短信、网络平台 ☐ 其他＿＿＿＿＿＿＿＿＿＿＿＿＿＿＿＿＿＿＿＿＿＿＿＿＿
集体方式	☐ 家长会　　　　☐ 家长委员会　　　☐ 家长学校或家教讲座 ☐ 家园联系园地　☐ 家长开放日　　　☐ 家教经验交流 ☐ 亲子活动　　　☐ 其他＿＿＿＿＿＿＿＿＿＿＿＿＿＿＿＿＿＿

请描写一个家园合作的案例，并对其进行分析。

单元十三：幼儿入园焦虑

幼儿园：＿＿＿＿＿＿＿　　　班级：＿＿＿＿＿＿＿　　　日期：＿＿＿＿＿＿＿
观察对象：＿＿＿＿＿　　　年龄：＿＿＿＿＿＿＿　　　性别：＿＿＿＿＿＿＿

注：部分内容可做个案观察

表现形式	生理上	☐ 没有亲人陪伴，拒绝上床睡觉 ☐ 不愿意亲人离开自己，缠住亲人 ☐ 怕黑暗，怕空旷，怕见生人 ☐ 因害怕分离而出现反复的梦魇 ☐ 当与亲近的人分离时有反复的躯体症状如头痛、胃痛、恶心呕吐等 ☐ 焦虑会引起孩子生理上的应激反应，长时间焦虑，容易使孩子抵抗力下降 ☐ 刚入园的孩子很容易感冒、发烧、肚子疼等 ☐ 黏老师，要求老师抱着不放，出现尿裤子、尿床等紧张行为 ☐ 嗜睡或望着窗外发呆 ☐ 个别会出现极端自残行为，如抓头发、捶脑袋、撞墙等 ☐ 其他＿＿＿＿＿＿＿＿＿＿＿＿＿＿＿＿＿		
	情绪上	☐ 哭闹不止 ☐ 情绪紧张 ☐ 随地大小便 ☐ 乱跑 ☐ 叫喊 ☐ 情绪低落，无精打采 ☐ 其他＿＿＿＿＿＿＿＿＿	☐ 独立孤坐 ☐ 念叨回家 ☐ 跟人 ☐ 侵犯同伴 ☐ 扔东西	☐ 单独活动 ☐ 拒睡拒吃 ☐ 依赖物体 ☐ 咬人 ☐ 踢人
类型		☐ 缠人型 ☐ 封闭型 ☐ 哭闹型	☐ 狂暴型 ☐ 一般型 ☐ 其他＿＿＿＿＿＿＿＿＿	

请描述一个幼儿焦虑的案例，并对其进行分析。

单元十四：幼儿教师专业素养

幼儿园： 班级： 日期：
观察对象： 年龄： 性别：

注：部分内容可做个案观察

维度	领域	请选择一名老师，并观察其专业素养。
专 业 理 念 与 师 德	职业理解与认识	□ 贯彻党和国家教育方针政策，遵守教育法律法规 □ 理解幼儿保教工作的意义，热爱学前教育事业，具有职业理想和敬业精神 □ 认同幼儿园教师的专业性和独特性，注重自身专业发展 □ 具有良好职业道德修养，为人师表 □ 具有团队合作精神，积极开展协作与交流
	对幼儿的态度与行为	□ 关爱幼儿，重视幼儿身心健康，将保护幼儿生命安全放在首位 □ 尊重幼儿人格，维护幼儿合法权益，平等对待每一个幼儿。不讽刺、挖苦、歧视幼儿，不体罚或变相体罚幼儿 □ 信任幼儿，尊重个体差异，主动了解和满足有益于幼儿身心发展的不同需求 □ 重视生活对幼儿健康成长的重要价值，积极创造条件，让幼儿拥有快乐的幼儿园生活
	幼儿保育和教育的态度与行为	□ 注重保教结合，培育幼儿良好的意志品质，帮助幼儿形成良好的行为习惯 □ 注重保护幼儿的好奇心，培养幼儿的想象力，发掘幼儿的兴趣爱好 □ 重视环境和游戏对幼儿发展的独特作用，创设富有教育意义的环境氛围，将游戏作为幼儿的主要活动 □ 重视丰富幼儿多方面的直接经验，将探索、交往等实践活动作为幼儿最重要的学习方式 □ 重视自身日常态度言行对幼儿发展的重要影响与作用 □ 重视幼儿园、家庭和社区的合作，综合利用各种资源
	个人修养与行为	□ 富有爱心、责任心、耐心和细心 □ 乐观向上、热情开朗、有亲和力 □ 善于自我调节情绪，保持平和心态 □ 勤于学习，不断进取 □ 衣着整洁得体，语言规范健康，举止文明礼貌
专 业 知 识	幼儿发展知识	□ 了解关于幼儿生存、发展和保护的有关法律法规及政策规定 □ 掌握不同年龄幼儿身心发展特点、规律和促进幼儿全面发展的策略与方法 □ 了解幼儿在发展水平、速度与优势领域等方面的个体差异，掌握对应的策略与方法 □ 了解幼儿发展中容易出现的问题与适宜的对策 □ 了解有特殊需要幼儿的身心发展特点及教育策略与方法

专业知识	幼儿保育和教育知识	□ 熟悉幼儿园教育的目标、任务、内容、要求和基本原则 □ 掌握幼儿园环境创设、一日生活安排、游戏与教育活动、保育和班级管理的知识与方法 □ 熟知幼儿园的安全应急预案,掌握意外事故和危险情况下幼儿安全防护与救助的基本方法 □ 掌握观察、谈话、记录等了解幼儿的基本方法 □ 了解0-3岁婴幼儿保教和幼小衔接的有关知识与基本方法
	通识性知识	□ 具有一定的自然科学和人文社会科学知识 □ 了解中国教育基本情况 □ 掌握幼儿园各领域教育的特点与基本知识 □ 具有相应的艺术欣赏与表现知识 □ 具有一定的现代信息技术知识
专业能力	环境的创设与利用	□ 建立良好的师幼关系,帮助幼儿建立良好的同伴关系,让幼儿感到温暖和愉悦 □ 建立班级秩序与规则,营造良好的班级氛围,让幼儿感受到安全、舒适 □ 创设有助于促进幼儿成长、学习、游戏的教育环境 □ 合理利用资源,为幼儿提供和制作适合的玩教具和学习材料,引发和支持幼儿的主动活动
	一日生活的组织与保育	□ 合理安排和组织一日生活的各个环节,将教育灵活地渗透到一日生活中 □ 科学照料幼儿日常生活,指导和协助保育员做好班级常规保育和卫生工作 □ 充分利用各种教育契机,对幼儿进行随机教育 □ 有效保护幼儿,及时处理幼儿的常见事故,危险情况优先救护幼儿
	游戏活动的支持与引导	□ 提供符合幼儿兴趣需要、年龄特点和发展目标的游戏条件 □ 充分利用与合理设计游戏活动空间,提供丰富、适宜的游戏材料,支持、引发和促进幼儿的游戏 □ 鼓励幼儿自主选择游戏内容、伙伴和材料,支持幼儿主动地、创造性地开展游戏,充分体验游戏的快乐和满足 □ 引导幼儿在游戏活动中获得身体、认知、语言和社会性等多方面的发展
	教育活动的计划与实施	□ 制订阶段性的教育活动计划和具体活动方案 □ 在教育活动中观察幼儿,根据幼儿的表现和需要,调整活动,给予适宜的指导 □ 在教育活动的设计和实施中体现趣味性、综合性和生活化,灵活运用各种组织形式和适宜的教育方式 □ 提供更多的操作探索、交流合作、表达表现的机会,支持和促进幼儿主动学习
	激励与评价	□ 关注幼儿日常表现,及时发现和赏识每个幼儿的点滴进步,注重激发和保护幼儿的积极性、自信心 □ 有效运用观察、谈话、家园联系、作品分析等多种方法,客观地、全面地了解和评价幼儿 □ 有效运用评价结果,指导下一步教育活动的开展
	沟通与合作	□ 使用符合幼儿年龄特点的语言进行保教工作 □ 善于倾听,和蔼可亲,与幼儿进行有效沟通

专业能力	沟通与合作	□ 与同事合作交流,分享经验和资源,共同发展 □ 与家长进行有效沟通合作,共同促进幼儿发展 □ 协助幼儿园与社区建立合作互助的良好关系
	反思与发展	□ 主动收集分析相关信息,不断进行反思,改进保教工作 □ 针对保教工作中的现实需要与问题,进行探索和研究 □ 制定专业发展规划,不断提高自身专业素质
个案观察		
反思与建议		

单元十五：幼儿园廉洁文化建设

幼儿园：　　　　　　　　班级：　　　　　　　　日期：

工作要点	☐ 有固定的加强师德师风教育时间 ☐ 有相应的规范制度建设 ☐ 对教师的日常工作进行监督 ☐ 其他_____
个案观察	
反思与建议	

请简要描述幼儿园廉洁文化建设的制度。

单元十六：幼儿园教师专业发展途径

幼儿园：　　　　　　　　班级：　　　　　　　　日期：

新老教师"师徒结对"	☐ 选择一个好的"师傅" ☐ 给予"师傅"合理的激励 ☐ 有适当的创新机制，鼓励教师大胆创新 ☐ 有健全的监督与考评机制 ☐ 其他＿＿＿＿＿＿＿＿＿＿＿＿＿＿＿＿＿＿＿＿＿
幼儿园园本教研活动	☐ 重视园本教研工作，有完善的教研管理制度 ☐ 有良好的教研环境，教师参与的积极性高 ☐ 教研内容有针对性、实践性 ☐ 教研形式多样化 ☐ 其他＿＿＿＿＿＿＿＿＿＿＿＿＿＿＿＿＿＿＿＿＿
个案分析	
反思与建议	

单元十七：幼儿园评价

幼儿园：　　　　　　　班级：　　　　　　　日期：

类型	按评价涉及的范围分类	☐ 宏观的教育评价 ☐ 中观的教育评价 ☐ 其他＿＿＿＿＿＿＿＿＿＿＿＿	☐ 微观的教育评价
	按评价的价值标准分类	☐ 相对评价 ☐ 个体内差异评价 ☐ 其他＿＿＿＿＿＿＿＿＿＿＿＿	☐ 绝对评价
	按参与评价的主体分类	☐ 自我评价 ☐ 其他＿＿＿＿＿＿＿＿＿＿＿＿	☐ 他人评价
	按评价的功能分类	☐ 诊断性评价 ☐ 形成性评价 ☐ 其他＿＿＿＿＿＿＿＿＿＿＿＿	☐ 总结性评价
原则	☐ 方向性原则 ☐ 全面性原则 ☐ 其他＿＿＿＿＿＿＿＿＿＿＿＿		☐ 可行性原则

请对您实习所在的幼儿园进行简要的评价，并分析其优缺点。

单元十八：陈鹤琴的教学思想在幼儿园的应用

幼儿园：　　　　　　　　班级：　　　　　　　　日期：

☐ 凡幼儿自己能够做的，应当让他/她自己做
☐ 凡幼儿自己能够想的，应当让他/她自己想
☐ 您要幼儿怎样做，您应当教幼儿怎样学
☐ 鼓励幼儿去发现他/她自己的世界
☐ 积极的鼓励胜于消极的制裁
☐ 大自然、大社会是活教材
☐ 教师运用比较教学法教学
☐ 用比赛的方法来增进学习的效率
☐ 积极的暗示胜于消极的命令
☐ 教师运用替代教学法教学
☐ 注意环境，利用环境
☐ 分组学习，共同研究
☐ 教学游戏化
☐ 教学故事化
☐ 教师教教师
☐ 幼儿教幼儿
☐ 培养幼儿精密观察的学习态度
☐ 做中学，做中教，做中求进步
☐ 培养幼儿善于观察的习惯和尊重知识的态度
☐ 活动以幼儿为中心，幼儿为主体，幼儿本位，幼儿至上
☐ 引导幼儿在周围环境中学习
☐ 其他 _____

个案观察	
反思与建议	

单元十九：蒙台梭利教学思想在幼儿园的应用

幼儿园：　　　　　　　　班级：　　　　　　　　　日期：

教育思想和方法的体现与运用	☐ 充分调动幼儿的节奏和步调　　☐ 给幼儿安全感 ☐ 幼儿有可自由利用的活动场所和用具　☐ 注重对幼儿美的教育 ☐ 幼儿有良好的纪律和秩序　　☐ 有准备的环境 ☐ 强调幼儿自发性的智能　　☐ 给幼儿自由 ☐ 尊重幼儿的创造性　　☐ 以幼儿为中心 ☐ 把握幼儿的敏感期　　☐ 协助幼儿自我发展 ☐ 教师扮演协助者的角色　　☐ 注重对完美人格的培养 ☐ 尊重幼儿的成长步调　　☐ 混龄教育 ☐ 有丰富的工作材料　　☐ 没有体罚 ☐ 其他＿＿＿＿＿＿＿＿＿＿＿＿＿＿＿＿＿＿＿
存在的问题	☐ 蒙氏课程实施存在高收费倾向 ☐ 蒙氏课程实施状况各个幼儿园的差异较大 ☐ 教师缺乏高水平的培训和指导 ☐ 幼儿园实施蒙氏课程流于形式 ☐ 家长对蒙氏课程存在认识上的不足 ☐ 其他＿＿＿＿＿＿＿＿＿＿＿＿＿＿＿＿＿＿＿
个案观察	
反思与建议	

单元二十：现代社会学前教育的发展趋势

幼儿园：　　　　　　　班级：　　　　　　　日期：

1. 政府承担更多发展责任

　　☐ 政府投入向处境不利的幼儿倾斜　　　☐ 免费学前教育不断推进

　　☐ 通过教育立法保证学前教育的发展　　☐ 其他＿＿＿＿＿＿＿＿＿＿＿＿

2. 提高学前教师教育人才培养质量

　　☐ 加强通识教育　　　　　　　　　　　☐ 提高技能课程比例

　　☐ 加强教育见习、实习　　　　　　　　☐ 优化专业教学模式

　　☐ 其他＿＿＿＿＿＿＿＿＿＿＿＿＿＿＿＿＿＿＿＿＿＿＿＿＿＿＿＿＿＿

3. 重视幼儿教师职后培养

　　☐ 鼓励幼儿教师提高自身专业素养　　　☐ 重视幼儿教师的在职培训

　　☐ 其他＿＿＿＿＿＿＿＿＿＿＿＿＿＿＿＿＿＿＿＿＿＿＿＿＿＿＿＿＿＿

4. 加强学前教育机构的质量评价

　　☐ 结构性要素评价　　　　　　　　　　☐ 过程性要素评价

　　☐ 结果性要素评价　　　　　　　　　　☐ 其他＿＿＿＿＿＿＿＿＿＿＿＿

5. 学前教育机构形式和功能不断丰富

　　☐ 学前教育机构的办学形式和类型的多样化　　☐ 强化幼儿园对家庭的辐射功能

　　☐ 其他＿＿＿＿＿＿＿＿＿＿＿＿＿＿＿＿＿＿＿＿＿＿＿＿＿＿＿＿＿＿

请根据您所在幼儿园的实际情况分析其发展趋势。

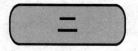

幼儿园管理篇

致 读 者

亲爱的读者:

您好!

《幼儿园管理》,或《幼儿园组织与管理》、《幼儿园管理实务》、《幼儿园管理基础》,虽然各高校使用的教材名称及内容存在一定差异,不同教材涵盖的知识点也不完全一致,但主要是以幼儿园管理活动为对象,研究如何实现对幼教事业和幼教机构的高效优质管理。它是学前教育专业的主干课之一,是一门实践性很强的学科。学习幼儿园管理知识,不仅为学生以后的职业生涯发展奠定良好的基础,同时也有利于学生毕业后入职时较快、较好地适应幼儿园工作。

《幼儿园管理》覆盖的知识点较为广泛,本篇共有37个单元,从多个角度引导学生对幼儿园管理领域的一些基本问题进行访谈、观察、思考、分析。本篇主要选取了该学科的一些基本知识要点,如幼儿园的选址与平面设计、幼儿园建筑、幼儿园设备、幼儿园人员配备、幼儿园组织机构设置、幼儿园管理制度、幼儿园领导制度、幼儿园环境、幼儿园一日生活管理、幼儿园卫生保健管理、幼儿园财务与档案管理、幼儿园师资队伍建设与管理、幼儿园危机管理、幼儿园与家庭、社区的管理等内容。个别单元与学前教育原理篇存在重叠,但不影响使用,编写时已对观察的不同要点和侧重点做了处理。

无论您使用、学习的是哪本教材,都可以以该实习手册为基础。如果您所在的学校开设的是《幼儿园班级管理》,而没有开设《幼儿园管理》或相关课程,也不影响您使用该实习手册。该篇涵盖《幼儿园班级管理》的部分内容。实习手册所呈现的单元都是幼儿教育中的基本问题。本篇涉及的很多知识点也较为详细,比如幼儿园一日生活各个环节的观察要点,从教师、保育员、幼儿等多个角度为您的观察提供了指引,要点高达几十条,因此需要您付出更多的耐心。您可以利用观察、访谈等方法在相应的方框内打钩或填写内容,这些知识要点或问题引导您有针对性地研究幼儿教育问题。相信,当您完成该篇实习手册时,您对幼儿园的管理工作会有更加全面、深入的认识。

主编

单元一：幼儿园选址与平面设计

幼儿园：　　　　　　　　　　　　　　　　　　　　日期：

幼儿园选址与平面设计	选址卫生情况	☐ 空气清新，纯净 ☐ 环境干净卫生 ☐ 排水通畅	☐ 安静，低噪声 ☐ 阳光充足 ☐ 其他＿＿＿＿＿＿
	园址地理条件	☐ 交通便利 ☐ 安全性良好	☐ 人口密度大 ☐ 其他＿＿＿＿＿＿
	总平面组成	建筑用地：☐ 生活用房　☐ 服务用房　☐ 供应用房 ☐ 室外场地　　　　　　　　　　☐ 绿化用地 ☐ 杂物用地	
	总平面设计原则	☐ 童趣性原则　　☐ 益智性原则 ☐ 独特性原则 ☐ 其他＿＿＿＿＿＿＿＿＿＿＿＿＿＿＿＿＿＿＿＿	
	总平面设计状况	☐ 满足使用要求，功能区分合理 ☐ 活动路线互不干扰 ☐ 尽量扩大绿化用地范围 ☐ 园内道路设计合理 ☐ 出入口位置合理 ☐ 其他＿＿＿＿＿＿＿＿＿＿＿＿＿＿＿＿＿＿	
个案观察			
反思与建议			

单元二：幼儿园建筑

幼儿园：   日期：

幼儿生活用房	活动室	☐ 良好通风条件 ☐ 室内净高不低于 2.8 米 ☐ 家具色彩鲜艳明快 天花板颜色_____	☐ 每班活动室面积不低于 50 平方米 ☐ 地面颜色不易脏，有稳重感 ☐ 冬至日日照有效时间不少于 2 小时 墙面颜色_____
	寝室与衣帽间	☐ 各班有专门寝室且相互独立 ☐ 两行床间距不小于 0.9 米 ☐ 有专门衣帽间 寝室幼儿平均占地_____平方米	☐ 采光适宜 ☐ 床位间距不小于 0.5 米 ☐ 衣帽间连接活动室和寝室 寝室环境颜色_____
	盥洗室和厕所	☐ 盥洗室临近活动室和寝室 ☐ 有直接的自然通风 ☐ 盥洗池高度为 500－550 毫米 ☐ 厕所坑位数量适宜	☐ 厕所和盥洗室分间或分隔 ☐ 水龙头的间距为 350－400 毫米 ☐ 盥洗池宽度为 400－450 毫米 ☐ 其他_____
幼儿服务用房	医务与保健室	☐ 使用面积不少于 18 平方米	☐ 有一间或数间医务、保健室
	隔离室与晨检室	☐ 有专用隔离室	☐ 有专用晨检室
	专用办公室	☐ 有专用教学办公室 ☐ 有专用传达、值班室	☐ 有专用行政办公室 ☐ 其他_____
幼儿供应用房	厨房	1. 厨房组成（　　） A. 副食加工间　　　　　　B. 主食库　　　　　C. 副食库 D. 配餐间　　　　　　　　E. 冷藏室　　　　　F. 其他_____ 2. 厨房布置（　　） A. 独立设置　　　　　　　B. 毗邻设置　　　　　C. 内部设置	
		☐ 厨房有良好的通风、排气设施 ☐ 厨房设有避蝇、防鼠的纱门、纱窗 ☐ 厨房室内设有排水沟 ☐ 厨房地面有排水坡度(1%－1.5%)和地漏 ☐ 厨房位置设于幼儿生活用房的下风侧 ☐ 食堂与幼儿活动场所保持一定距离 ☐ 食堂单独设置次要出入口,运输饭菜方便快捷 ☐ 厨房地面、墙裙及洗池、炉灶应镶瓷砖或用水磨石 ☐ 其他_____	

幼儿供应用房	其他供应用房	其他用房( ) A. 洗衣房　　　　B. 配电室　　　C. 库房　　　　D. 其他_____
个案观察		
反思与建议		

单元三：幼儿园设备

幼儿园：⁣   日期：

桌椅	☐ 幼儿园桌椅的尺寸和比例符合幼儿身高和比例 ☐ 幼儿园桌面长度保证每位幼儿占有 0.50 - 0.55 米，宽度 0.35 - 0.50 米 ☐ 幼儿园桌椅使用环保材质，无棱角 ☐ 其他＿＿＿＿＿＿＿＿＿＿＿＿＿＿＿＿＿＿＿＿＿＿
活动室	☐ 活动室内设教学区 ☐ 教学区配备幼儿桌椅、钢琴（或电子琴）、黑板、钟表、电视机等 ☐ 教学区配备电脑、投影仪等 ☐ 其他＿＿＿＿＿＿＿＿＿＿＿＿＿＿＿＿＿＿＿＿＿＿
	☐ 活动室内设活动区 ☐ 活动区设角色游戏区、表演区、建构区、美工区、木工区、益智区、图书区、音乐区、科学区、自然观察区等 ☐ 活动区配备足够的操作材料和幼儿图书，并随幼儿发展水平、季节变换和教育内容及时更换 ☐ 活动区橱柜采用开放式，其大小、高度与幼儿人数、身高相适应，便于幼儿自由取放 ☐ 其他＿＿＿＿＿＿＿＿＿＿＿＿＿＿＿＿＿＿＿＿＿＿
	☐ 活动室内设生活区 ☐ 生活区配备饮水、消毒设备 ☐ 生活区配备保温桶、水杯柜、消毒柜等 ☐ 保温桶应具备锁定装置 ☐ 每个孩子一个杯子（无毒、不易碎、耐高温），并有明显区分标记 ☐ 其他＿＿＿＿＿＿＿＿＿＿＿＿＿＿＿＿＿＿＿＿＿＿
盥洗室	☐ 配备与幼儿的身高、数量相适应的梳洗镜、洗手盆和防溅水龙头 ☐ 幼儿每人一条小毛巾，毛巾之间要有合理间隔，并以安全方式悬挂 ☐ 配有幼儿无法直接接触到的清洁用具、消毒用品存放处，并有专用标志 ☐ 其他＿＿＿＿＿＿＿＿＿＿＿＿＿＿＿＿＿＿＿＿＿＿
寝室	☐ 配备供幼儿午休的单层或双层固定床或配置叠放收藏的硬板床或床垫，每名幼儿一张床 ☐ 床的长度应符合幼儿身高要求 ☐ 使用双层床时，需配备固定式双层床，总高度不应高于 120 厘米，四周设高度不低于 30 厘米的护栏 ☐ 设有教师值班设施 ☐ 寄宿制幼儿园设置专用寝室，配备固定式单层床、不同亮度的灯具和幼儿专用衣橱、被褥等 ☐ 其他＿＿＿＿＿＿＿＿＿＿＿＿＿＿＿＿＿＿＿＿＿＿

续　表

玩具教具	□ 配置的玩具材料数量足够、多种多样 □ 玩具适合幼儿的年龄特点 □ 玩具无尖锐的棱角，有缺损及时修补 □ 玩具便于消毒清理 □ 攀爬架和滑梯高度不超过两米 □ 自制玩教具应用无污染、无毒的废旧材料 □ 其他＿＿＿＿＿＿＿＿＿＿＿＿＿＿＿＿＿＿＿
个案观察	
反思与建议	

单元四：幼儿园人员配备

幼儿园：　　　　　　　　　　　　　　　　　　　日期：

幼儿园的人员配备	人员配备的原则	☐ 能级应对原则 ☐ 优势定位原则 ☐ 动态调节原则 ☐ 内部为主原则 ☐ 其他_____
	人员配备	1. 保教人员：☐ 专任教师　☐ 保育员 　专任教师的数量：_____　　专任教师的学历：_____ 　保育员的数量：_____　　保育员的学历：_____ 2. 卫生保健人员：☐ 有　☐ 无 　卫生保健人员的数量：_____　卫生保健人员的学历：_____ 　卫生保健人员是否经过专业培训：☐ 是　☐ 否 3. 办公人员 　副园长数量：_____　　财务人员数量：_____ 　园长助理：_____　　其他：_____ 4. 其他人员 　(☐ 炊事人员　☐ 安保人员　☐ 保洁人员　其他_____) 　炊事人员数量：_____　是否有厨师资格证：☐ 是　☐ 否 　安保人员数量：_____　保洁人员数量：_____
个案观察		
反思与建议		

单元五：幼儿园组织机构设置

幼儿园：　　　　　　　　　　　　　　　　　日期：

幼儿园组织机构设置	组织的特点	□ 整体性 □ 纪律性 □ 稳定性	□ 目的性 □ 合作性 □ 其他_____
	组织机构设置的原则	□ 任务需要原则 □ 有效跨度原则 □ 统一指挥原则	□ 分工协作原则 □ 责权益一致原则 □ 其他_____
	幼儿园组织模式	组织结构图	
		模式分析	
个案观察			
反思与建议			

单元六：幼儿园管理制度

幼儿园：   日期：

制度的种类	幼儿园制度的种类是否完善，若不完善，还有那些需要完善的地方？
制度的制定	幼儿园是如何制定制度的？（可以从制定制度的合法性、民主性、可行性、稳定性、精炼性等角度观察）
制度的执行	举例说明幼儿园是如何执行幼儿园制度的？

续 表

个案观察	
反思与建议	

单元七：幼儿园领导制度

班级： 日期：

园长任职条件	☐ 拥护党的基本路线 ☐ 热爱幼儿教育事业，爱护幼儿，努力学习专业知识和技能，提高文化和专业水平，品德良好、为人师表，忠于职责 ☐ 身体健康 ☐ 幼儿师范学校（包括职业学校幼儿教育专业）毕业或具备其以上学历 ☐ 具有一定的教育工作经验和组织管理能力，并获得幼儿园园长岗位培训合格证书 ☐ 其他_____
园长管理方面的案例	
反思与建议	

单元八：幼儿园环境

班级：　　　　　　　　　　　　　　　　　　　　日期：

幼儿园环境	环境构成	按主体建筑的存在形式来分：□ 室内环境　　　　　□ 室外环境 按幼儿活动的类型来分：□ 生活环境 □ 游戏环境 □ 学习环境 按环境的组成性质来分：□ 物质环境 □ 精神环境 □ 其他＿＿＿＿＿＿＿＿＿＿＿＿＿＿＿＿＿＿＿＿
	环境创设与管理原则	□ 安全性原则　　　　　　　　□ 全面性原则 □ 教育性原则　　　　　　　　□ 适宜性原则 □ 幼儿参与性原则　　　　　　□ 经济性原则 □ 其他＿＿＿＿＿＿＿＿＿＿＿＿＿＿＿＿＿＿＿＿
个案观察		
反思与建议		

单元九：幼儿园室内环境

班级：   日期：

幼儿园室内环境	室内主题墙创设与管理	☐ 注意色彩、色调的运用 ☐ 合理利用室内空间 ☐ 主题内容丰富、统一,形式多样 ☐ 强调幼儿的参与性 ☐ 其他＿＿＿＿＿＿＿＿＿＿＿＿＿＿		
	区角活动的创设与管理	创设要点	☐ 动静区、干湿区分开　　　　　☐ 区角之间间隔明显 ☐ 区角间的流动性顺畅　　　　　☐ 限定区角人数上限 ☐ 创设舒适的物理环境 ☐ 其他＿＿＿＿＿＿＿＿＿＿＿＿＿＿＿＿＿＿＿	
		各区角活动	美工区	☐ 美工区位置靠近水源 ☐ 地面容易清洗 ☐ 桌子配有桌布或报纸 ☐ 作品有陈列地点 ☐ 其他＿＿＿＿＿＿＿＿＿＿＿
			积木区	☐ 有较大的空间　　　　☐ 有不同的分类 ☐ 数量充足、种类多样 ☐ 其他＿＿＿＿＿＿＿＿＿＿＿
			角色区	☐ 有较大的空间 ☐ 有一定的道具 ☐ 其他＿＿＿＿＿＿＿＿＿＿＿
			科学区	创设原则：　　☐ 发展性原则　　☐ 更新性原则 ☐ 适宜性原则　☐ 安全性原则　☐ 经济性原则 ☐ 层次性原则　☐ 趣味性原则　☐ 直观性原则 ☐ 其他＿＿＿＿＿＿＿＿＿＿＿
			阅读区	☐ 光线充足　　　　☐ 安静 ☐ 有舒适的环境　　☐ 图书摆放整齐 ☐ 图书为优秀读物　☐ 其他＿＿＿＿＿＿＿
			音乐区	☐ 空间相对较大 ☐ 选址避免干扰其他活动或有耳机 ☐ 可以投放很多音乐器材 ☐ 其他＿＿＿＿＿＿＿＿＿＿＿

幼儿园室内环境	区角活动的创设与管理	各区角活动	益智区	☐ 安静　　　　　　　　　　　　☐ 环境舒适 ☐ 益智类操作材料丰富 ☐ 其他＿＿＿＿＿＿＿＿＿＿＿＿＿＿＿＿＿＿
			语言区	☐ 空间独立 ☐ 所需材料充分 ☐ 其他＿＿＿＿＿＿＿＿＿＿＿＿＿＿＿＿＿＿
			数学区	☐ 环境安静 ☐ 材料丰富 ☐ 其他＿＿＿＿＿＿＿＿＿＿＿＿＿＿＿＿＿＿
个案观察				
反思与建议				

单元十：幼儿园室外环境

班级：　　　　　　　　　　　　　　　　　　日期：

园门、出入口以及外围墙	☐ 幼儿园围墙为全封闭型 ☐ 幼儿园围墙为半封闭、半通透 ☐ 幼儿园围墙为完全通透 ☐ 园门高度和宽度适当 ☐ 园门造型活泼，大方 ☐ 出入口方便家长接送幼儿 ☐ 出入口回避繁忙的车流 ☐ 其他＿＿＿＿＿＿＿＿＿＿＿＿＿＿＿＿＿＿＿＿		
绿地环境	☐ 幼儿园绿化率不低于30％　　　　☐ 绿化的多样性 ☐ 合适的花草树木　　　　　　　　☐ 其他＿＿＿＿＿＿＿＿		
运动场地	集体游戏场地	☐ 场地安全　　　　　　　☐ 日照、通风良好 ☐ 良好的卫生条件　　　　☐ 与大型活动器械保持安全距离 ☐ 其他＿＿＿＿＿＿＿＿＿＿＿＿＿＿＿＿＿＿	
	大型器材场地	大型器械类型 ☐ 滑行类　　　☐ 钻爬类　　　☐ 攀爬类 ☐ 平衡类　　　☐ 摇荡类　　　☐ 旋转类　　　☐ 其他＿＿＿＿＿	
	沙池游戏场地	☐ 沙池的面积不超过30平方米，深为0.3-0.5米之间 ☐ 沙池向阳背风　　　　　　☐ 沙池的边缘高出地面 ☐ 沙池有遮盖物　　　　　　☐ 沙子干净 ☐ 其他＿＿＿＿＿＿＿＿＿＿＿＿＿＿＿＿＿＿	
个案观察			
反思与建议			

单元十一：幼儿园精神环境

幼儿园：　　　　　　班级：　　　　　　　　日期：

师幼关系	☐ 满足幼儿基本生理需求　　　　　　　　☐ 创设充满尊重的环境 ☐ 创设充满关爱的环境　　　　　　　　　☐ 创设宽松的、安全的环境 ☐ 教师与幼儿之间相互尊重、民主、平等、和谐 ☐ 其他＿＿＿＿＿＿＿＿＿＿＿＿＿＿＿＿＿＿＿＿＿＿＿
同伴交往	☐ 教师鼓励幼儿同伴间交往 ☐ 教师创设有利的同伴交往机会 ☐ 教师创设宽松的心理氛围 ☐ 幼儿之间相互合作、分享 ☐ 其他＿＿＿＿＿＿＿＿＿＿＿＿＿＿＿＿＿＿＿＿＿＿＿
师师关系	☐ 班级老师之间关系和谐 ☐ 幼儿园老师之间关系和谐 ☐ 老师与领导间关系和谐 ☐ 其他＿＿＿＿＿＿＿＿＿＿＿＿＿＿＿＿＿＿＿＿＿＿＿
个案观察	
反思与建议	

单元十二：幼儿园入园活动

幼儿园：　　　　　　　　　　班级：　　　　　　　　　　日期：

观察对象：　　　　　　　　　年龄：　　　　　　　　　　性别：

注：部分内容可做个案观察

入园活动	幼儿行为表现	□ 按要求带齐当日所需的学习和生活用品，不带零食和危险品来园 □ 着装整洁舒适，手(指甲)、脸、脖子、头发等干净整齐 □ 按时愉快地入园，向老师同伴问好，并能开心地和家人说再见 □ 愿意接受晨检，身体不适能告诉老师或保健医生 □ 能把自己的衣物整理好放到衣帽柜或指定位置 □ 主动参加晨间活动，如值日、自选活动等 □ 其他_____
	教师 小班	□ 教师提前进入活动室，开窗通风换气 □ 热情接待幼儿及家长，与家长就幼儿教育和生活问题进行简短交谈，向家长了解生病或体弱幼儿在家的饮食、睡眠、大小便等情况 □ 对家长的嘱托和合理要求进行及时记录，并随时关注幼儿的身体状况 □ 协助保健医生做好幼儿的晨检工作，观察幼儿的精神状态和身体状况，如发现异常，及时了解原因并妥善处理 □ 查看幼儿有无携带危险物品，如有，教师代为保管，并在离园时与家长做好沟通 □ 安抚及疏导个别幼儿的不良情绪 □ 帮助、指导幼儿正确脱放衣物 □ 引导幼儿自由选择活动 □ 其他_____
	教师 中大班	□ 提前做好活动室开窗通风工作 □ 热情接待幼儿，鼓励幼儿愉快入园，主动与教师、同伴打招呼，与家人道别 □ 鼓励幼儿积极配合晨检，让他们懂得有不舒服的感觉或者发现同伴有异常时要及时告诉老师或保健医生 □ 对于幼儿的异常表现要敏感，要及时关注和处理 □ 引导幼儿自我检查，将不安全的物品放在指定位置，并妥善保管 □ 指导幼儿独立、正确脱放衣物，并摆放整齐 □ 观察并适时指导幼儿的自由活动 □ 指导幼儿做好值日生工作，如：气象记录、区域材料整理、环境清理及照顾动植物等工作
	保育员 小班	□ 做好室内外卫生清理工作，为幼儿营造舒适、洁净的生活环境 □ 将已消毒的口杯、毛巾、口巾等摆放在固定位置，供幼儿入园后使用 □ 配合教师热情接待幼儿及家长，将幼儿的衣柜整理好 □ 其他_____

续　表

入园活动	保育员	中大班	□ 做好卫生清理、消毒等工作 □ 指导值日生将已消毒的口杯、毛巾摆放在固定位置,供幼儿入园后使用 □ 协助教师接待家长,组织好幼儿活动,清点幼儿人数 □ 指导幼儿将衣柜整理好 □ 其他_____
个案观察			
反思与建议			

单元十三：幼儿园盥洗活动

幼儿园：　　　　　　　　　班级：　　　　　　　　　日期：
观察对象：　　　　　　　　年龄：　　　　　　　　　性别：
注：部分内容可做个案观察

盥洗活动	幼儿的表现	洗手	□ 能用正确的方法洗手，养成认真有序洗手的良好习惯 □ 洗手时能不湿衣袖，不玩水，懂得节约用水 □ 了解洗手的必要性，饭前、便后、手脏时能及时洗手 □ 其他＿＿＿＿＿＿＿＿＿＿＿＿＿＿＿＿＿＿＿＿＿＿＿＿
		漱口	□ 知道漱口的好处，养成每餐后用正确方法漱口的好习惯 □ 会用鼓漱的方法漱口 □ 其他＿＿＿＿＿＿＿＿＿＿＿＿＿＿＿＿＿＿＿＿＿＿＿＿
		擦嘴	□ 养成每餐后用口巾擦嘴的习惯 □ 能够照着镜子将嘴巴擦干净 □ 擦完嘴后将口巾放到指定位置 □ 其他＿＿＿＿＿＿＿＿＿＿＿＿＿＿＿＿＿＿＿＿＿＿＿＿
		洗脸	□ 洗脸时不湿衣袖，不玩水 □ 起床后、脸脏时能及时洗脸 □ 其他＿＿＿＿＿＿＿＿＿＿＿＿＿＿＿＿＿＿＿＿＿＿＿＿
		梳头	□ 知道起床后、头发凌乱时要及时梳头 □ 养成梳头前后洗净双手的好习惯 □ 养成梳头后清洁梳子和地面的好习惯 □ 掌握梳头发的基本方法 □ 幼儿能独立梳头 □ 其他＿＿＿＿＿＿＿＿＿＿＿＿＿＿＿＿＿＿＿＿＿＿＿＿
	保教工作	教师	□ 教育幼儿懂得盥洗对身体的好处，提示、督促幼儿及时进行盥洗 □ 根据盥洗室的空间大小，将幼儿合理分组，提醒幼儿分组进行洗手活动，保持盥洗室安静有序 □ 帮助或指导、提示每个幼儿将袖子挽至胳膊肘处，防止溅湿衣袖 □ 指导幼儿轻轻打开水龙头调至合适的位置，保持水流柔和，教育幼儿懂得节约用水 □ 关注幼儿的盥洗过程，发现有打闹、玩水等情况，及时给予提醒和指导 □ 幼儿盥洗结束后，及时用干拖把擦干地面上的水，等最后一个幼儿洗完手后教师再离开盥洗室 □ 及时鼓励幼儿在盥洗过程中的进步表现，促进幼儿良好盥洗习惯的养成 □ 其他＿＿＿＿＿＿＿＿＿＿＿＿＿＿＿＿＿＿＿＿＿＿＿＿

盥 洗 活 动	保 教 工 作	保 育 员	□ 准备盥洗用具 □ 协助教师检查并指导幼儿盥洗活动 □ 清洁整理盥洗室及盥洗用品 □ 幼儿盥洗后，及时擦拭水池、镜子等 □ 其他＿＿＿＿＿＿＿＿＿＿＿＿＿＿＿＿＿
个 案 观 察			
反 思 与 建 议			

单元十四：餐点活动

幼儿园：　　　　　　　　　班级：　　　　　　　　日期：

观察对象：　　　　　　　　年龄：　　　　　　　　性别：

注：部分内容可做个案观察

餐点活动	餐点环节幼儿的表现	□ 进餐点前能用正确的方法将双手洗净 □ 学习餐具的使用方法，逐步做到独立进餐，乐意自己进餐 □ 不挑食、不偏食，能够根据自身需要适量进食 □ 养成细嚼慢咽、不发出较大声音、不掉饭菜的良好进餐习惯 □ 能安静愉快地进餐，懂得情绪愉快地进餐对身体健康有益 □ 餐后能独立收拾食物残渣，并能有序整理自己使用过的餐具 □ 餐后能够做到及时洗手、漱口、擦嘴 □ 其他_____	
	进餐前	教师	□ 组织适宜的活动 □ 营造宽松舒适的进餐环境 □ 帮助、指导幼儿做好餐前如厕、洗手活动 □ 用形象有趣的语言向幼儿介绍餐点 □ 维持良好的秩序 □ 其他_____
		保育员	□ 做好餐前桌面清洁和消毒工作 □ 将取来的饭菜放在安全处，避免幼儿烫伤 □ 协助教师督促幼儿盥洗，指导值日生分发餐具 □ 做好穿配餐服、戴配餐帽、洗净双手等必要的卫生措施 □ 分餐时动作轻，并根据幼儿进食量盛适量的饭菜 □ 关注食物过敏、生病、过度肥胖或少数民族和其他种族的幼儿，并能单独配餐 □ 其他_____
	进餐中	教师	□ 指导幼儿正确使用餐具 □ 引导幼儿懂得主食与菜、干点与稀饭搭配着吃 □ 指导幼儿学习带皮、带壳、带核食物的吃法；帮助幼儿学习鱼、排骨等带刺、带骨头的食物的吃法 □ 提醒幼儿安静进餐、细嚼慢咽 □ 调整身体不适、胃口不好的幼儿进餐量，必要时帮助他们进餐 □ 及时纠正个别幼儿偏食、挑食、暴食及汤泡饭等不良的进餐习惯 □ 其他_____
		保育员	□ 为有需要的幼儿及时添盛饭菜 □ 当出现打翻饭碗或饭菜洒出的现象时，帮助幼儿及时进行清理，保持进餐环境的卫生 □ 协助教师对幼儿进行进餐指导，帮助幼儿养成良好的进餐习惯 □ 其他_____

餐点活动	进餐后	教师	□ 引导、帮助幼儿主动收拾食物残渣,整理餐具并分类放在固定容器里 □ 指导幼儿掌握饭后洗手、漱口、擦嘴的正确方法,提示幼儿饭后及时进行洗手、漱口、擦嘴 □ 组织幼儿餐后散步、户外观察和自由活动 □ 其他＿＿＿＿＿＿＿＿＿＿＿＿＿＿＿＿＿
		保育员	□ 协助教师督促幼儿饭后及时进行必要的盥洗活动 □ 幼儿进餐结束后,进行湿性扫除,指导中、大班值日生进行桌面、地面的卫生清理工作 □ 其他＿＿＿＿＿＿＿＿＿＿＿＿＿＿＿＿＿
个案观察			
反思与建议			

单元十五：如厕活动

幼儿园：　　　　　　　　班级：　　　　　　　　日期：

观察对象：　　　　　　　年龄：　　　　　　　　性别：

注：部分内容可做个案观察

幼儿行为	□ 懂得如厕是正常的事，有需要时能够大胆告知成人 □ 及时如厕排便、不随地大小便，逐步做到不尿裤子、不拉裤子 □ 有定时大小便，便后冲水、洗手的良好习惯 □ 能自己脱裤子，提裤子，学用手纸正确擦屁股，逐步做到便后自理 □ 能安静、有序如厕，不在厕所逗留、玩耍 □ 其他＿＿＿＿＿＿＿＿＿＿＿＿＿＿＿＿＿＿＿＿＿＿＿＿＿＿＿＿
教师行为	□ 带领幼儿熟悉班级厕所环境，学习如厕器具的使用方法 □ 组织幼儿有序如厕，组织中、大班幼儿分别进入男、女厕所如厕 □ 指导幼儿做脱裤子、提裤子、排便入池、便后自理、便后洗手等工作 □ 提醒幼儿不在厕所中逗留、玩耍，对幼儿如厕过程中存在的喧哗、嬉戏、聊天、争抢厕位等个别问题和危险行为，及时进行引导和教育 □ 及时与家长交流幼儿如厕习惯与情况，引导家长重视幼儿如厕教育 □ 请家长给幼儿准备些舒适的衣服带到幼儿园，以备幼儿及时更换 □ 引导幼儿做好集体和户外活动、进餐、午睡等活动前的如厕准备 □ 鼓励幼儿便后冲水、洗手等良好行为，逐步培养幼儿良好如厕习惯 □ 其他＿＿＿＿＿＿＿＿＿＿＿＿＿＿＿＿＿＿＿＿＿＿＿＿＿＿＿＿
保育员行为	□ 做好如厕前的物质准备工作，保持厕所地面干燥，空气清新，保持便池洁净、无异味，提供的手纸放在幼儿易于取到的位置 □ 指导并帮助年龄较小的幼儿如厕，鼓励年龄较大的幼儿独立穿脱、整理衣裤，使用卫生纸从前到后擦屁股 □ 提示幼儿便后冲水，并用肥皂洗净双手 □ 耐心为尿裤子和拉裤子的幼儿更换衣物，清洗衣物 □ 关注幼儿如厕次数和大小便情况，当发现幼儿拉肚子或长时间未如厕的情况时及时与主班教师沟通 □ 定时清洁整理厕所，每天下班前对厕所进行彻底清洁、消毒 □ 其他＿＿＿＿＿＿＿＿＿＿＿＿＿＿＿＿＿＿＿＿＿＿＿＿＿＿＿＿
个案观察	
反思与建议	

单元十六：幼儿园喝水活动

幼儿园：　　　　　　　　　班级：　　　　　　　　　日期：
观察对象：　　　　　　　　年龄：　　　　　　　　　性别：
注：部分内容可做个案观察

喝 水 活 动	幼 儿	□ 懂得喝水对身体健康的好处 □ 喜欢喝白开水，逐步做到主动喝水 □ 在取放杯子、接水、喝水的过程中能正确使用口杯 □ 能独立喝适量的水 □ 幼儿在喝水时安静、有序 □ 知道按时喝水，遇到特殊情况能及时喝水 □ 其他＿＿＿＿＿＿＿＿＿＿＿＿＿＿＿＿＿＿＿＿＿＿＿＿＿
	保 教 工 作	**教** **师** □ 帮助幼儿了解喝水与身体健康之间的关系，学习根据身体需要饮用适量的水 □ 组织幼儿喝水前洗干净双手 □ 激发幼儿喝水的愿望，组织幼儿轮流喝水 □ 提醒幼儿端取自己的水杯喝水，指导幼儿有序、独立接适量的水 □ 指导幼儿握好杯把，端稳口杯，轻轻走到喝水区，慢慢喝水，提醒幼儿不要把水洒到衣服或地面上 □ 关注幼儿喝水情况，及时肯定幼儿的良好喝水行为，对聊天、打闹、说笑的幼儿及时进行提醒和引导 □ 鼓励幼儿喝完杯中的水，教师注重发挥榜样示范的作用 □ 提醒幼儿喝完水后将口杯放回固定位置 □ 其他＿＿＿＿＿＿＿＿＿＿＿＿＿＿＿＿＿＿＿＿＿＿＿＿＿ **保** **育** **员** □ 为幼儿准备温度适宜的白开水（30℃左右） □ 提前擦拭、整理盥洗室，保持室内干燥和整洁 □ 幼儿不小心洒水时，及时擦拭地面，避免幼儿滑倒、摔伤 □ 引导幼儿，地上有水时及时告诉老师（指导大班幼儿尝试清理地面，保持地面干燥） □ 关注幼儿嘴巴或衣服上是否有水迹，及时用毛巾帮助托小班幼儿擦拭嘴上的水迹或更换被洒湿的衣服，提醒中大班幼儿及时用毛巾擦拭嘴上的水迹或更换被洒湿的衣服 □ 协助教师关注幼儿喝水情况，对出现问题的幼儿及时给予指导 □ 其他＿＿＿＿＿＿＿＿＿＿＿＿＿＿＿＿＿＿＿＿＿＿＿＿＿

个案观察	
反思与建议	

单元十七：幼儿园午睡活动

幼儿园：　　　　　　　　　班级：　　　　　　　　　日期：
观察对象：　　　　　　　　年龄：　　　　　　　　　性别：

注：部分内容可做个案观察

午睡活动	幼儿		□ 午睡前及时进行如厕等活动，做好睡前准备 □ 能够正确穿脱衣服及鞋袜，能有序整理、叠放自己脱下的衣物 □ 不聊天、打闹，能够安静、独立入睡 □ 入睡时能保持正确的睡姿，不蹬被子，避免着凉 □ 需要大小便、身体不适或发现同伴有异常时能够及时告知老师 □ 睡醒后不打扰同伴，按时起床，学习整理床铺 □ 其他＿＿＿＿＿＿＿＿＿＿＿＿＿＿＿＿＿＿＿＿
	保教工作	教师	□ 组织幼儿进行散步、如厕等睡前准备工作 □ 指导幼儿脱衣，并有序叠放 □ 提示幼儿把手中物件集中放置后安静进入午睡房 □ 指导并帮助幼儿放平枕头，盖好被子 □ 指导幼儿保持正确的睡眠姿势，以右侧卧位为好 □ 负责看睡时不能离岗，巡视、观察幼儿的睡眠状况，注意起床如厕幼儿的安全 □ 幼儿出现高烧、惊厥、腹痛等紧急情况时，立即采取恰当方式处理，必要时通知保健医生或相关人员，立即带幼儿去医院就诊 □ 个别幼儿做噩梦哭喊时，及时赶到他身边安慰 □ 提醒早醒的幼儿保持安静，以免影响同伴 □ 幼儿起床后，指导、帮助幼儿穿好衣服，鼓励中大班幼儿自己穿衣、整理床铺 □ 其他＿＿＿＿＿＿＿＿＿＿＿＿＿＿＿＿＿＿
		保育员	□ 为幼儿准备舒适的午睡环境，保持室内空气清新，温度适宜，拉好窗帘，调节光线 □ 协助教师做好睡前如厕等准备工作，检查幼儿有无带物品上床 □ 引导幼儿在午睡房保持安静，协助教师指导幼儿保持正确的睡眠姿势，及时纠正蒙头睡觉或趴着睡的幼儿 □ 负责看睡时不能离岗，巡视、观察幼儿的睡眠状况，注意起床如厕幼儿的安全 □ 幼儿出现高烧、惊厥、腹痛等紧急情况时，立即采取恰当方式处理，必要时通知保健医生或相关人员，立即带幼儿去医院就诊 □ 个别幼儿做噩梦哭喊时，及时赶到他身边安慰 □ 幼儿起床离开午睡房后，开窗通风，并将被子打开晾十分钟 □ 协助教师指导、帮助幼儿穿好衣服，鼓励、指导中大班幼儿独立叠被 □ 整理床铺，打扫午睡房 □ 其他＿＿＿＿＿＿＿＿＿＿＿＿＿＿＿＿＿＿

续　表

个案观察	
反思与建议	

单元十八：集体教学活动

幼儿园：　　　　　　　班级：　　　　　　　日期：
观察对象：　　　　　　年龄：　　　　　　　性别：
注：部分内容可做个案观察

幼儿行为	☐ 如厕洗手，做好活动准备　　　　　　☐ 坐姿自然端正 ☐ 积极参加活动，心情愉悦，注意力集中 ☐ 乐于思考，积极发言，愿意与老师、同伴分享活动经验 ☐ 活动结束，有序整理活动材料 ☐ 其他＿＿＿＿＿＿＿＿＿＿＿＿＿＿＿＿
教师行为	☐ 提前撰写活动教案，充分理解、分析教学内容 ☐ 提前准备好活动所需材料 ☐ 活动前，组织幼儿如厕，指导幼儿做好活动准备 ☐ 关注幼儿坐姿及用眼习惯，帮助幼儿养成良好的学习习惯 ☐ 保证教学规范：教育目标明确，重难点突出，符合本班幼儿发展水平 ☐ 以幼儿为主体，调动幼儿活动的积极性、主动性，保护幼儿的探究性和创造性 ☐ 注意观察幼儿活动中的表现，根据幼儿需要进行随机教育和个别教育 ☐ 活动结束后，进行认真深刻的反思，及时总结经验与不足 ☐ 其他＿＿＿＿＿＿＿＿＿＿＿＿＿＿＿＿
保育员行为	☐ 教学时间不随意打断教师的活动，不随意进出教室，保持安静 ☐ 对于中途有如厕或其他需要的幼儿，及时协助老师带领有需要的幼儿进行如厕等活动 ☐ 在教师组织活动期间，如有区域工作未完成，和老师做好沟通，再去完成工作 ☐ 其他＿＿＿＿＿＿＿＿＿＿＿＿＿＿＿＿
个案观察	
反思与建议	

单元十九：户外活动

幼儿园： 班级： 日期：
观察对象： 年龄： 性别：
注：部分内容可做个案观察

户外活动	常规要求	☐ 幼儿活动前整理好自己的衣服，更换鞋子，主动如厕，做好活动准备 ☐ 积极参加锻炼，喜欢参加多种活动，并积极投入 ☐ 做操时，能跟随音乐节奏，精神饱满，情绪愉悦，注意力集中，动作协调 ☐ 知道大小型玩具及器械的正确玩法，不争抢玩具及器械 ☐ 自由体育活动时能在指定的范围内，不乱跑，不喊叫，不打闹，不做危险动作，不玩危险游戏 ☐ 知道玩大型玩具时，不拥挤，不推拉，遵守秩序，具备基本的自我保护能力 ☐ 在发现自己或同伴有特殊情况时能够及时告知老师 ☐ 注意爱护玩具及器械，用完后帮助老师将玩具、器械等材料放回原处，并摆放整齐 ☐ 其他_____
	保教工作要点 教师	☐ 活动前组织幼儿如厕，整理衣物，更换鞋子，做好户外活动准备 ☐ 根据户外活动计划，排查户外活动场地的安全隐患，准备相应的玩具、器械及材料，保证活动顺利开展 ☐ 教师衣着便于运动 ☐ 以饱满的情绪带动幼儿做操的积极性，口令、示范动作准确、熟练。随时注意用语言、动作指导幼儿 ☐ 提出自由活动要求 ☐ 观察幼儿在活动中的动作及行为，准确把握运动量大小，及时调整活动进程 ☐ 随时观察活动情况，发现不安全因素及时制止，活动中注意培养幼儿的自我保护能力 ☐ 保证每天户外活动时间不少于两小时 ☐ 教学活动和午餐后，灵活组织散步，自由活动等户外活动 ☐ 允许幼儿按自己的个人意愿和兴趣，自由选择有益活动，自由结伴，自由交谈，教师注意时刻观察并适时指导 ☐ 活动结束后，指导幼儿整理玩具、器械等材料，带领幼儿做身体放松活动 ☐ 准确核对人数，组织幼儿有序回到活动室 ☐ 其他_____
	保育员	☐ 协助教师做好活动前的准备 ☐ 活动过程中，观察幼儿的行为表现，及时排除不安全因素，保证幼儿安全，及时处理好活动过程中的突发事件 ☐ 其他_____

个案观察	
反思与建议	

单元二十：幼儿离园的观察

幼儿园：　　　　　　　　班级：　　　　　　　　日期：

观察对象：　　　　　　　年龄：　　　　　　　　性别：

注：部分内容可做个案观察

幼儿行为	☐ 开心地等家长来接　　　　　　　　　　☐ 选择自己喜欢的离园活动 ☐ 整理自己的物品和仪表　　　　　　　　☐ 主动和老师同伴告别，礼貌离园 ☐ 知道独自离开和跟陌生人走的危险性，并跟家人离园 ☐ 其他_____
教师行为	☐ 引导幼儿整理仪表　　　　　　　　　　☐ 帮幼儿穿好衣服 ☐ 引导幼儿整理自己的物品　　　　　　　☐ 组织幼儿离园 ☐ 向家长介绍幼儿一日情况　　　　　　　☐ 严格执行幼儿离园接送制度 ☐ 接待家长时要兼顾未离园的幼儿　　　　☐ 鼓励幼儿离园时要和大家说再见 ☐ 引导幼儿回忆一天的快乐生活，对进步进行鼓励 ☐ 其他_____
保育员行为	☐ 检查好水电开关、门窗 ☐ 提醒幼儿整理衣装和未带回家的物品 ☐ 清洗和消毒幼儿物品，整理班级环境 ☐ 离园前做好一日小结，对幼儿的进步进行肯定 ☐ 其他_____
个案观察	
反思与建议	

单元二十一：幼儿园工作人员与幼儿健康检查

幼儿园：　　　　　　班级：　　　　　　　　　日期：

工作人员检查		□ 到指定医院或同等级以上医院进行全身体格检查，经检查合格，取得由指定的医疗卫生机构签发的《托幼机构工作人员健康合格证》 □ 所有工作人员每年做一次身体检查，患有对幼儿身体健康有害的疾病的工作人员患病期间不从事保教工作 □ 其他＿＿＿＿＿＿＿＿＿＿＿＿＿＿＿＿＿
幼儿健康检查	入园健康检查	□ 到指定医疗卫生机构进行全身体格检查，经检查合格后方可入幼儿园 □ 幼儿园认真了解幼儿的出生史、喂养史、既往史、过敏史、日常生活习惯、智能发育情况、预防接种情况等，做好相关记录 □ 幼儿出于某种原因离园三个月以上，再入园时须重新接受体检 □ 由其他幼儿园转入的幼儿，出示原幼儿园保健人员填写的《幼儿健康证明》并加盖公章方可入园 □ 其他＿＿＿＿＿＿＿＿＿＿＿＿＿＿
	定期体格检查	□ 幼儿入园后每年接受一次全面的身体检查 □ 幼儿园为每名幼儿建立健康档案，详细记录幼儿生长发育期内身体各生理指数的变化，心理健康发育情况以及患病情况等 □ 重点关注体弱儿、肥胖儿、过敏体质儿 □ 其他＿＿＿＿＿＿＿＿＿＿＿＿＿＿＿＿
	每日晨检	□ 摸幼儿额部，了解体温是否正常，摸幼儿颈部淋巴结及腮腺有无肿大现象 □ 认真查看幼儿咽喉部是否发红，幼儿的皮肤、面色、精神状况等有无异常 □ 询问家长幼儿有无不舒服，幼儿在家的饮食、睡眠、排便等生活情况 □ 检查幼儿是否携带危险、不安全的物品来幼儿园 □ 其他＿＿＿＿＿＿＿＿＿＿＿＿＿＿＿＿
	全日健康观察	□ 卫生保健医生入班巡视，配合保教人员日常工作 □ 发现幼儿出现精神情况不佳、面色发红等情况，保教人员及时询问幼儿，给幼儿测量体温，严重时送保健室做进一步检查，并和家长取得联系，做好沟通 □ 其他＿＿＿＿＿＿＿＿＿＿＿＿＿＿＿＿
一日生活作息时间安排表		

续　表

| 反思与建议 | |

单元二十二：幼儿园生活制度

幼儿园：　　　　　　　班级：　　　　　　　日期：

<table>
<tr>
<td rowspan="2">生活制度建立</td>
<td>
□ 幼儿园生活制度的制定考虑动静结合
□ 户外活动时间每天不少于两小时
□ 寄宿制幼儿园户外时间不少于三小时（高寒、高温地区可酌情减少）
□ 幼儿园应根据幼儿的年龄、生理活动特点来制定生活制度
□ 在寒暑假等非国家法定放假时间合理安排幼儿在园生活
□ 其他_____
</td>
</tr>
<tr>
<td>
1. 小班集体教学活动时间一般约为_____分钟，中班约为_____分钟，大班约为_____分钟
2. 生活制度是否完善？若不完善，有哪些需要改进的地方 _____
_____
□ 其他_____
</td>
</tr>
<tr>
<td>个案观察</td>
<td></td>
</tr>
<tr>
<td>反思与建议</td>
<td></td>
</tr>
</table>

单元二十三：体育锻炼

幼儿园：　　　　　　　班级：　　　　　　　日期：

早 操	1. 早操形式：（　　） 　　A. 队形队列练习　　　　　B. 集体徒手操或器械操　　　　C. 操后韵律活动 　　D.-游戏活动及区域性体育活动　　　　E. 其他＿＿＿＿＿＿＿＿ 2. 早操内容：（　　） 　　A. 慢跑或走跑交替　　　　B. 简单模仿性动作　　　　C. 律动和舞蹈 　　D. 体育游戏　　　　　　　E. 利用器械展开的活动　　　F. 其他＿＿＿＿＿＿
室 内 活 动	□ 有专门的室内大型体育活动场地 □ 室内有专门开辟小型体育活动区 □ 有音乐活动室或舞蹈房进行室内体育活动 □ 其他＿＿＿＿＿＿＿＿＿＿＿＿＿＿＿＿＿＿＿＿＿＿
户 外 活 动	□ 集体操 □ 区域性体育活动 □ 幼儿自由活动 □ 利用大型玩具进行的活动 □ 其他＿＿＿＿＿＿＿＿＿＿＿＿＿＿＿＿＿＿＿＿＿＿
远 足	远足地点：＿＿＿＿　　　　　每学期远足的次数：＿＿＿＿＿＿＿＿＿ □ 保证幼儿安全 □ 做好充足物质准备 □ 活动前教师需要考察活动地点，明确出行路线 □ 远足能增强幼儿对外界环境的适应能力 □ 活动后教师清点人数，将幼儿安全带回 □ 其他＿＿＿＿＿＿＿＿＿＿＿＿＿＿＿＿＿＿＿＿＿＿
运 动 会	运动会内容：（　　） A. 集体操或小型团体操　　　B. 表演性或竞赛性游戏　　　C. 幼儿集体舞 D. 亲子游戏和比赛　　　　　E. 其他＿＿＿＿＿ □ 满足幼儿运动、娱乐、表现、竞赛等愿望 □ 激发幼儿参与体育活动的兴趣 □ 培养幼儿的集体意识，丰富幼儿的生活 □ 其他＿＿＿＿＿＿＿＿＿＿＿＿＿＿＿＿＿＿＿＿＿＿

个案观察	
反思与建议	

单元二十四：幼儿园卫生管理

幼儿园：　　　　　　　　　　班级：　　　　　　　　　　日期：

环境卫生	活动室的卫生	☐ 足够的空间，设施设备放置合理 ☐ 对桌椅、玩具柜、门把手等清洁消毒，有防蚊防蝇的设备 ☐ 窗明几净，各玩具柜死角无灰尘 ☐ 有计划地对幼儿图书、玩具等进行消毒 ☐ 保证幼儿直接接触的物品都清洁卫生与安全 ☐ 充足的光线，空气流通好，注意防寒保暖 ☐ 其他＿＿＿＿＿＿＿＿＿＿＿＿＿＿＿＿＿＿
	寝室卫生	☐ 有计划地打扫卫生、开窗通风、晾晒幼儿被褥 ☐ 寝室干净整洁、无异味、地面无积水、不潮湿 ☐ 其他＿＿＿＿＿＿＿＿＿＿＿＿＿＿＿＿＿＿
	盥洗室的卫生	☐ 盥洗室地面干燥 ☐ 挂毛巾的挂钩间有距离 ☐ 每天对水龙头消毒一次 ☐ 每天洗刷水池一次，保证没有污渍 ☐ 其他＿＿＿＿＿＿＿＿＿＿＿＿＿＿＿＿＿＿
幼儿卫生习惯		☐ 幼儿能勤洗手、勤洗头、勤洗澡、勤换衣、勤剪指甲 ☐ 幼儿会自己洗脸、洗手、刷牙 ☐ 幼儿不乱扔果皮、纸屑，不随地吐痰和擤鼻涕 ☐ 幼儿从地上拣的东西不随便往嘴里放 ☐ 幼儿不乱涂墙壁，不踩桌椅 ☐ 幼儿学习时能够保持正确的坐姿，注意用眼卫生 ☐ 其他＿＿＿＿＿＿＿＿＿＿＿＿＿＿＿＿＿＿
个案观察		
反思与建议		

单元二十五：幼儿园传染病管理

幼儿园：　　　　　　　　班级：　　　　　　　　日期：

传染病防控	□ 定期预防接种 □ 传染病流行季节，重点做好消毒工作 □ 制定相关卫生制度，划分卫生责任区，明确到人，保证幼儿园环境清洁卫生 □ 注意开窗通风，保持空气流通，并利用阳光暴晒、紫外线消毒等方式对班级物品、幼儿物品进行消毒 □ 加强日常幼儿健康检查 □ 建立严格的疾病隔离制度，一旦发现传染病患者或疑似传染病患者，及时采取有效隔离措施，对症治疗，并及时上报卫生防疫部门 □ 其他＿＿＿＿＿＿＿＿＿＿＿＿＿＿＿＿＿＿＿＿＿＿＿＿＿＿
个案观察	
反思与建议	

单元二十六：幼儿意外伤害管理

幼儿园：　　　　　　　　　班级：　　　　　　　　日期：

1. 当幼儿遇到意外伤害时教师的反应及处理方法。	
2. 当幼儿遇到意外伤害时幼儿园的反应及处理方法。	
反思与建议	

单元二十七：幼儿园膳食营养管理

幼儿园：   日期：

幼儿园营养膳食管理	提供合理的膳食	注意事项	□ 营养食品价格合理 □ 食品中营养素比值合理 □ 食品搭配合理 □ 少数民族忌口问题 □ 其他_____
		食谱的制定	□ 制订食谱时执行膳食计划所拟定的食品种类和数量 □ 根据季节变化对食谱进行适当调整 □ 品种多样化，烹调方法利于幼儿消化吸收，并能促进食欲 □ 注意观察幼儿接受食物的情况，必要时作调整 □ 一周食谱每餐不重样，保证每周更换食谱
		计量与烹制	□ 根据幼儿出勤情况计量制作 □ 最大限度保存食物的营养价值 □ 色、香、味、形俱全 □ 其他_____
	严格执行操作制度	食品管理	食品原料采购 □ 专人负责，专款专用 □ 根据需求、饮食特点、市场供应等制订采购计划 □ 市场调查，选购既清洁卫生又经济实惠的原材料 □ 到正规市场、超市购买外观卫生、新鲜，标签、成分清晰，生产日期、保质期、厂址明确的食品 □ 采购食品用的车辆、容器清洁卫生，食品运输过程中注意生熟分开 □ 装卸食品时讲究卫生，易腐食品不直接接触地面 □ 定期与供应商签订采购合同，并索要其卫生许可证、营业执照等相关材料备案 □ 其他_____
			食品储存 □ 专人负责，明确岗位责任 □ 建立食品出入库登记制，各类食品按需要量领取 □ 食品储存间要低温通风，保持干燥，做好日常清洁打扫 □ 注意防霉、防虫、防鼠等 □ 食品放置与杂物分离，不直接接触地面，做到分类分架，标明名称 □ 定期检查，发现食物霉变、腐烂、虫蛀等问题及时上报与处理 □ 粮食类等原材料储存适量 □ 蔬菜水果类保持新鲜，随买随吃 □ 其他_____

幼儿园营养膳食管理	严格执行操作制度	食品管理	食品粗加工	□ 分工明确,明确岗位责任 □ 生熟食分开加工,砧板、菜刀、炊具等工具分开使用 □ 动物性食物和植物性食物分开加工 □ 动物性食品之间分开处理,分开处理水产、肉、禽类,防止相互影响 □ 果蔬类食物认真清洗,削皮处理,确保没有农药残留 □ 各种食品加工工具用后洗刷干净,放置在规定的地方,做好定期消毒 □ 粗加工间内保持无异味,水池、操作台无污物、无食物残留 □ 粗加工间内配有加盖垃圾筒,每天下班后倾倒干净 □ 做好日常清洁打扫、消毒工作,保持环境卫生 □ 其他＿＿＿＿＿＿＿＿＿＿＿＿＿
			应聘条件	□ 热爱中国共产党,热爱社会主义祖国,拥护党的方针政策,坚持四项基本原则 □ 热爱烹饪工作,有一定的烹饪工作经历、经验和技术 □ 有服务意识和饮食卫生的基本知识 □ 有责任心,工作积极主动,吃苦耐劳 □ 身体健康,持有健康合格证明 □ 其他＿＿＿＿＿＿＿＿＿＿＿＿＿
		食堂人员管理	职责	□ 认真贯彻执行职业道德规范 □ 严格遵守各项食堂卫生制度 □ 同保健员共同商定食谱,并坚持按食谱做饭 □ 食品制作要符合幼儿年龄特点,易于消化吸收 □ 遵守开饭时间,注意分餐卫生,做好食物的保温及降温工作,食物运送过程中加盖,做到防蝇、防尘、防异物 □ 严格执行食品卫生法,保持厨房清洁卫生,按卫生要求操作,操作时防污染防异物,严防食物中毒,杜绝肠道传染病的发生 □ 做好炊具、餐具的清洗和消毒工作,坚持炊具生熟分开使用与放置 □ 做好个人日常清洁卫生工作,勤洗头、洗澡、勤换衣物、勤剪指甲 □ 工作时间,按照规定穿工作服、佩戴工作帽与口罩,外出或如厕时要脱掉工作服 □ 执行安全操作规程,安全使用电器、炊事用具,定期对各种机械设备进行保养维护 □ 做好食堂的安全保卫工作,坚决防止非工作人员进入食堂,下班时按时检查煤气、各种电器、门窗是否关好 □ 爱护食堂用具,节约用水、电、气,杜绝浪费 □ 做好幼儿食品24小时留样工作 □ 炊事员乐于听取他人意见,接受领导、保健人员的指导,不断改进工作 □ 入班了解幼儿进餐情况,刻苦钻研烹饪技术,提高业务水平 □ 成人伙食和幼儿伙食严格分开,物品不混用 □ 严格遵守考勤管理制度,有事请假,服从领导安排 □ 有具体的操作流程　□ 有月考勤制度 □ 其他＿＿＿＿＿＿＿＿＿＿＿＿＿

幼儿园营养膳食管理	严格执行操作制度	食堂其他管理	餐具用具清洗消毒	□ 使用专用洗碗池清洗餐具、用具,洗碗池用后洗刷干净 □ 食堂炊具、用具每次用完后及时清洗,保持干净卫生 □ 幼儿餐具统一收回,做好清洗消毒工作 □ 消毒后餐具存放在清洁专用保洁柜内 □ 按照卫生防疫部门的要求使用消毒制剂,根据不同的物品选用不同的消毒方式和消毒剂 □ 清洗消毒过程中爱护餐具、用具,节约用水 □ 其他＿＿＿＿＿＿＿＿＿＿＿
			煤气灶	□ 一日工作开始之前检查煤气灶是否处于关闭状态,再开燃气总开关 □ 保持煤气灶的清洁卫生,使用后及时清理污物 □ 煤气灶使用过程中,工作人员不得离开 □ 煤气灶使用过程中,出现异常或危险及时关闭开关,停止使用 □ 专人负责管理,一天工作结束后及时关闭燃气总开关 □ 定期检查维护,确保无煤气泄漏问题 □ 食堂工作人员要掌握灭火基本常识,会使用灭火器 □ 其他＿＿＿＿＿＿＿＿＿＿＿
个案观察				
建议与反思				

单元二十八：幼儿园财务管理

幼儿园：   日期：

管理类型		☐ 公立幼儿园　　　　　　　　　　☐ 民办幼儿园 ☐ 其他_____
预算管理		☐ 幼儿园对各项收支根据历年的实际情况合理预算，对每一项收支项目的具体数字认真测算，提供可靠数据，不随意猜测 ☐ 将所有的收入和支出纳入预算的范围，做到不重复不遗漏 ☐ 预算之外保留其他收支项目 ☐ 收入预算做到以最低收入为标准，没有把握的收入项目不列入预算 ☐ 做预算时保留一部分预备资金，防止突发事件发生时幼儿园经费短缺 ☐ 对于教师的工资、保教活动所需要的基本材料等经费做到万无一失 ☐ 其他_____
收支管理	收入管理	幼儿园收入包括（　　） A. 教育经费拨款、科研经费拨款、其他经费拨款 B. 幼儿学费、校车接送费、伙食费 C. 经营收入 D. 附属单位上缴收入 E. 其他收入_____ ☐ 园内设会计、出纳各一名，记流水账 ☐ 严格按照国家有关政策规定，依法组织收入 ☐ 各项收费严格执行国家规定的收费范围和标准，并使用合法票据 ☐ 各项收入全部纳入幼儿园收入账户，统一管理，统一使用 ☐ 其他_____
	专款专用	☐ 幼儿园取得的专项资金坚持专款专用的原则，按要求单独核算，并定期报告资金的使用情况 ☐ 项目完成后，报送专项资金支出决算和使用效果的书面报告，并接受有关部门的检查、验收 ☐ 教师花费单独建账，保证幼儿费用专款专用
	支出管理	幼儿园支出包括_____ A. 工资、补助工资、其他工资、职工福利费、助学金、公务费、业务费、设备购置费、修缮费、业务招待费　　B. 经营支出　　C. 自筹基本建设支出　　D. 附属单位补助支出 E. 其他支出_____ ☐ 幼儿园支出严格执行国家财务规章制度及上级主管部门开支范围及开支标准 ☐ 按预算正常执行，各项支出应按实际发生数列支 ☐ 各部门的财务支出审批，指定一名负责人签字，实行专人负责 ☐ 其他_____

续　表

个案观察	
反思与建议	

单元二十九：幼儿园财产管理

幼儿园：　　　　　　　　班级：　　　　　　　　日期：

财产管理	物品使用与管理	□ 建立财产登记制度，非固定财产在学期初发放，在学期末验收入库 □ 全体教职工爱惜财产，认真保管 □ 对有缺损的物品查明原因，并加以处理 □ 经常擦拭教室中电教仪器上的灰尘 □ 每学期结束前贵重物品应上交保管员，不放在办公室或教室中过假期 □ 带班教师变动前办好财物等移交手续 □ 其他＿＿＿＿＿＿＿
	物品领用	□ 园内各类财产统一由总务处管理，领用（借用）物品必须登记 □ 领用物品如有自然损坏本着勤俭节约的原则，能修复再用的一律不予领新的，做到物尽其用。（不能修的以物调换） □ 被领用的物品遗失或人为损坏时，领用人负责修理或照价赔偿 □ 不随意挪用其他活动室物品，用毕归还原处 □ 其他＿＿＿＿＿＿＿
	财产、物品的外借	□ 幼儿园的一切财产、物品的外借凭借用人的借条或单位介绍信，写明物品名称、规格、数量、归还日期，经园领导同意后向总务处借取，并开出门证 □ 被领用的物品遗失或人为损坏时，领用人负责修理或照价赔偿 □ 幼儿园财产出门时有出门条，无出门条时，门卫人员有权阻止 □ 其他＿＿＿＿＿＿＿
	贵重仪器、物品管理	□ 贵重物品由指定专人保管，使用时按照其说明书上指定的使用方法使用，借用时交接清楚，办理手续 □ 其他＿＿＿＿＿＿＿
	仓库管理	□ 每学期进行账目核对，做到账账相符，账物相符 □ 认真登记验收、领用、保管出借的物品 □ 仓库每天打扫一次 □ 财产分类整齐放进仓库 □ 每年年初登记各组、室所保管的物品，年终核实，物品缺损时追查责任并赔偿

财产管理	仓库管理	□ 仓库安装自动报警系统,专人负责早、晚关启报警装置开关 □ 进出仓库随手关门,对贵重物品上锁 □ 其他＿＿＿＿＿＿＿＿＿＿＿＿＿
	物品的报废、报损	□ 教学仪器、设备及教玩具自然老化或无法修理,报废 □ 教学仪器、设备及教玩具一次修理费用超过原价的一半,报废 □ 报废报损仪器、设备及教玩具须填写报废报损申请单,经幼儿园主管领导批准,报废报损 □ 准报废报损的仪器、设备及教玩具,及时到财务部门销账,同时调整教学仪器、设备账册 □ 其他＿＿＿＿＿＿＿＿＿＿＿＿＿
	代管款管理	□ 幼儿园对代办费、伙食费进行独立核算 □ 幼儿园应按标准收取幼儿伙食费,每日公布购菜明细,每月公布伙食费使用情况 □ 明细及库存情况,接受家长监督,清退余款 □ 其他＿＿＿＿＿＿＿＿＿＿＿＿＿
个案观察		
反思与建议		

单元三十：幼儿园档案分类与管理

幼儿园：   日期：

幼儿园档案分类	按档案内容分	☐ 党群类档案 ☐ 教育教学类档案 ☐ 设备类档案 ☐ 安全管理类档案 ☐ 其他_____	☐ 行政类档案 ☐ 基建类档案 ☐ 会计类档案 ☐ 卫生保健类档案
	按档案形态分	☐ 文书档案 ☐ 实物档案 ☐ 声像档案 ☐ 电子档案 ☐ 其他_____	
个案观察			
反思与建议			

单元三十一：幼儿教师招聘

幼儿园：　　　　　　　　　　　　　　　　日期：

招聘途径	☐ 现场招聘会，一般由政府所辖人才机构及高校就业处举办 ☐ 网络招聘信息，刊登招聘信息的手段可以是报纸、电视、网络 ☐ 其他＿＿＿＿＿＿＿＿＿＿＿＿＿＿＿＿＿＿＿＿＿＿
考核	1. 教师考核方式：☐ 笔试　☐ 面试 2. 笔试考核内容：☐ 学前教育学　☐ 幼儿园课程　☐ 幼儿教育心理学　☐ 七大学科教学法　☐ 幼儿园管理　☐ 通用知识 　　☐ 其他＿＿＿＿＿＿＿＿＿＿＿＿＿＿＿＿＿＿＿＿ 3. 面试考核的内容：☐ 言谈举止　☐ 外貌气质 　　☐ 专业情感　☐ 专业知识　☐ 专业技能　☐ 实际教学能力展示 　　☐ 其他＿＿＿＿＿＿＿＿＿＿＿＿＿＿＿＿＿＿＿＿
教职工试用	☐ 所在幼儿园新聘教师有试用期 ☐ 新聘教师的试用期大约为一到三个月 ☐ 教师在试用期期间有工资 ☐ 试用期期间主要考察教师言行举止、行为习惯、工作素质、实际教学能力等综合素质 ☐ 其他＿＿＿＿＿＿＿＿＿＿＿＿＿＿＿＿＿＿＿＿
个案观察	
反思建议	

单元三十二：幼儿园虐童事件管理

幼儿园：　　　　　　　　班级：　　　　　　　　日期：

幼儿园虐童事件处理	所在园所是否有虐童事件发生：□ 是　　□ 否	
	做好避免虐童事件发生工作	□ 依法招聘合格幼儿教师，严把幼儿园教师入口关 □ 依照《幼儿园教师专业标准》，做好对幼儿园教师的在职培训 □ 加强日常保教工作的监督检查，规范幼儿园教师的保教行为 □ 提高幼儿教师工资福利待遇，增强幼儿教师职业幸福感 □ 其他＿＿＿＿＿＿＿＿＿＿＿＿＿＿＿＿＿＿＿＿
个案观察		
反思与建议		

单元三十三：幼儿园廉洁文化建设

幼儿园：　　　　　　班级：　　　　　　日期：

幼儿园廉洁文化建设	☐ 加强廉洁工作 ☐ 规范制度建设 ☐ 增强内外建设 ☐ 其他＿＿＿＿＿＿＿＿＿＿＿＿＿＿＿＿＿
个案观察	
反思与建议	

单元三十四：幼儿教师专业发展途径

幼儿园：　　　　　　　　班级：　　　　　　　　日期：

发展途径	1. 幼儿教师专业发展的主要途径(　　)
	    A. 新老教师"师徒结对"　　　　　　　　B. 园本教研活动
	    C. 教学反思　　　　　　　　　　　　　D. 其他_____
	 2. 幼儿园教研采取的主要形式(　　)
	    A. 专题式教研　　　B. 课题式教研　　　C. 观摩式教研
	    D. 问题式教研　　　E. 对话式教研　　　F. 其他_____

观察要点	1. 幼儿园是如何开展"师徒结对"工作的？ 2. 幼儿园是如何开展园本教研活动的？ 3. 幼儿园是如何开展教学反思活动的？

续　表

个案观察	
反思与建议	

单元三十五：幼儿园危机管理

幼儿园：　　　　　　　班级：　　　　　　　日期：

<table>
<tr><td rowspan="5">幼儿园危机管理</td><td rowspan="2">幼儿园曾发生的危机类型</td><td>安全性危机</td><td colspan="2">□ 自然性安全危机事件，如地震、台风、洪水、泥石流、雷电等自然因素引发的危机
□ 社会性安全危机事件，如天然气事故、漏电事故、建筑事故、社会动乱等社会因素引起的危机事件
□ 人为性安全危机事件，这类事件通常由幼儿园内部教职工、外来肇事者和幼儿本身三个方面的一方或者多方原因导致的
□ 其他_____</td></tr>
<tr><td>非安全性危机</td><td colspan="2">□ 幼儿园课程内容危机
□ 师德危机
□ 资金短缺危机
□ 生源危机
□ 其他_____</td></tr>
<tr><td colspan="2">遵循原则</td><td>□ 预防性原则
□ 制度性原则
□ 组织性原则
□ 及时处理原则</td><td>□ 以人为本原则
□ 教育性原则
□ 日常演练原则
□ 其他_____</td></tr>
<tr><td colspan="2">校车管理</td><td>□ 幼儿园自己配车
□ 拥有校车使用许可
□ 有严格的驾驶人工作制度
□ 校车中有专人照管幼儿</td><td>□ 与其他人合作使用校车
□ 驾驶人拥有校车驾驶资格
□ 行驶路线安全
□ 其他_____</td></tr>
<tr><td colspan="2">安保管理</td><td colspan="2">□ 幼儿园安全管理制度完善
□ 幼儿园门卫警卫能力较强
□ 有多方参与的幼儿园安全委员会
□ 经常开展幼儿园师幼安全教育
□ 其他_____</td></tr>
<tr><td colspan="3">个案观察</td><td colspan="2"></td></tr>
</table>

续　表

反思与建议	

单元三十六：幼儿园家长工作

幼儿园：　　　　　　　　班级：　　　　　　　　日期：

开展家长工作原则	□ 平等性原则：教师以平等的态度对待家长，对待家长一视同仁 □ 经常性原则：幼儿园经常开展家长工作，能和家长及时沟通、互动 □ 个别化原则：幼儿园能针对每个幼儿的实际情况，有针对性地与家长进行沟通 □ 预见性原则：幼儿园根据幼儿身心发展，预料可能发生的事情，主动与家长配合 □ 互尊互利的原则：保教人员同家长相互尊重，相互学习，并使双方受益 □ 制度化原则：家长工作有一定的制度做保障，遵循要求，有步骤、有目的地开展 □ 其他＿＿＿＿＿＿＿＿＿＿＿＿＿＿＿＿＿＿＿＿＿＿＿＿
开展家长工作途径	日常途径：（　　　） A. 早晚接送　　　　　　B. 电话手机　　　　　　C. 网络网站 D. 家长园地　　　　　　E. 其他＿＿＿＿＿＿ 阶段性途径：（　　　） A. 家长开放日　　　　　B. 亲子游戏活动　　　　C. 家庭访问 D. 家长会　　　　　　　E. 家长志愿者活动　　　F. 其他＿＿＿＿＿＿
个案观察	
反思与建议	

单元三十七：幼儿园与社区

幼儿园：　　　　　　　　班级：　　　　　　　　日期：

幼儿园与社区	幼儿园是否利用社区资源：□ 是　　□ 否	
	社区资源	□ 有可利用的场地和设施 □ 社区有丰富的文化资源 □ 社区有丰富的自然资源 □ 能充分调动社区人力资源 □ 能充分利用社区的物力资源 □ 其他＿＿＿＿＿＿＿＿＿＿
个案观察		
反思与建议		

幼儿园课程篇

致 读 者

亲爱的读者：

　　您好！

　　《幼儿园课程》是学前教育专业的骨干课，也是很多高校研究生复试指定考试科目之一，是需要重点掌握的一门课程，也是比较繁难的一门课程。也有一些高校将该课程称之为《幼儿园课程论》或《幼儿园课程的理论与实践》，各高校叫法存在一定差异。《幼儿园课程》覆盖的知识点较为广泛，是对幼儿园教育教学方法以及各种课程模式的研究，更是各科教学法的一个统领，涵盖健康、语言、社会、科学、艺术五大领域。本篇并没有详细呈现七大学科的课程内容，七大学科的教育内容后续篇章会逐一涉及。本篇主要包括六个单元：教师对幼儿园课程的认知与教学、课程中的理论基础、幼儿园教学活动、不同结构化程度的幼儿园教育活动、幼儿园课程的编制与实施、幼儿园特色课程。

　　本篇虽然划分的单元数量少，但直指幼儿园课程实施最核心问题，涉及的问题较为专业，需要学生具备一定的理论功底。这里面涉及一些专业概念，比如课程的维度、一元文化课程、显性课程、隐形课程、课程的结构化程度等等。单元二主要是课程的理论基础在幼儿园课程中的体现与运用，学生需要了解皮亚杰、维果斯基、布鲁纳、布朗芬布伦纳、华生等人的教育理论。若学生对一些专业概念和学者的思想不甚了解的话，该篇的完成具有一定的难度。有难度，并不意味着该篇的内容超纲，如果您觉得有难度，您则需要利用课余时间额外补充知识，因为这些知识点是学前教育专业的基本要点。

　　如果您使用、学习的教材中的部分知识点没有涉及，您可以灵活把握，自己根据实际需要增加观察内容。为了方便您的观察，每个单元都细化了知识要点，很多板块已经给出了要点，您可以利用观察、访谈等方法在相应的方框内打钩或填写内容，这些知识要点或问题引导您有针对性地研究幼儿教育问题。该篇内容的编写主要参考了朱家雄教授的《幼儿园课程》等内容，在此表示感谢。

主编

单元一：教师对幼儿园课程的认知与教学

幼儿园：　　　　　　　　班级：　　　　　　　　日期：

教师对幼儿园课程内涵的认知情况	☐ 课程是学校中传授的东西 ☐ 课程是一系列的学科 ☐ 课程是教材 ☐ 课程是学习计划 ☐ 课程是系列学习材料 ☐ 课程是科目顺序 ☐ 课程是系列行为目标 ☐ 课程是学习的进程 ☐ 课程是在学校中所进行的各种活动 ☐ 课程是在教师指导下，在学校内外所传授的东西 ☐ 课程是学校全体教职员工所设计的事情 ☐ 课程是学习者在学校所经历的经验 ☐ 课程是学习者在学校所获得的一系列经验 ☐ 其他＿＿＿＿＿＿＿＿＿＿＿＿＿＿＿＿＿＿＿＿＿＿ ＿＿＿＿＿＿＿＿＿＿＿＿＿＿＿＿＿＿＿＿＿＿＿＿
课程维度	1. 教师对课程的认识属于哪个维度？ 　☐ 学科（领域）维度　　　　　☐ 经验维度 　☐ 目标维度　　　　　　　　☐ 计划维度 　☐ 其他＿＿＿＿＿＿＿＿ 2. 通过访谈请记录您所在班级的老师对幼儿园课程的具体认识？ ＿＿＿＿＿＿＿＿＿＿＿＿＿＿＿＿＿＿＿＿＿＿＿＿＿＿ ＿＿＿＿＿＿＿＿＿＿＿＿＿＿＿＿＿＿＿＿＿＿＿＿＿＿ ＿＿＿＿＿＿＿＿＿＿＿＿＿＿＿＿＿＿＿＿＿＿＿＿＿＿ ＿＿＿＿＿＿＿＿＿＿＿＿＿＿＿＿＿＿＿＿＿＿＿＿＿＿
课程价值取向	请分析该幼儿园课程所反映的价值取向。（注：价值取向主要涉及以下几个问题，如什么知识有价值、为什么有价值、对谁有价值等） ＿＿＿＿＿＿＿＿＿＿＿＿＿＿＿＿＿＿＿＿＿＿＿＿＿＿ ＿＿＿＿＿＿＿＿＿＿＿＿＿＿＿＿＿＿＿＿＿＿＿＿＿＿ ＿＿＿＿＿＿＿＿＿＿＿＿＿＿＿＿＿＿＿＿＿＿＿＿＿＿ ＿＿＿＿＿＿＿＿＿＿＿＿＿＿＿＿＿＿＿＿＿＿＿＿＿＿

一元化课程与多元文化课程	1. 通过访谈请记录该班幼儿园老师对一元文化课程和多元文化课程的认识。 2. 请描述一个您所观察到的多元文化课程事件。
分科课程与活动课程	1. 通过访谈请记录该班幼儿园老师对分科课程和活动课程的认识。 2. 请举例说明幼儿园在处理分科课程和活动课程之间关系的具体做法。
显性课程与隐性课程	1. 通过访谈请记录该班幼儿园老师对显性课程与隐性课程的认识。 2. 请记录一个隐形课程转化为显性课程的教学事件。

单元二：课程中的理论基础

幼儿园：　　　　　　　　班级：　　　　　　　　日期：

<table>
<tr>
<td rowspan="4">心
理
学
理
论</td>
<td>

1. 皮亚杰将儿童的认知发展划分为四个阶段，通过观察请描述一个能反应儿童前运算阶段（2-7岁）认知发展特点的活动。（如自我中心、不守恒等）

</td>
</tr>
<tr>
<td>

2. 历史文化学派代表人物维果斯基提出过"最近发展区"理论，请举例说明您所在的班级开展的活动是否遵循这一理论。

</td>
</tr>
<tr>
<td>

3. 成熟理论认为人类发展过程主要是由遗传决定，主张教育应顺应儿童的天性和发展规律，教师需耐心等待儿童的成熟。请举例说明您所在的班级开展活动时是否遵循这一理论。

</td>
</tr>
<tr>
<td>

4. 观察一名幼儿并判断他/她的优势智能。
　□ 语言智能　　　□ 节奏智能
　□ 数理智能　　　□ 空间智能
　□ 运动智能　　　□ 人际智能
　□ 内省智能　　　□ 自然观察智能
观察时间：＿＿＿＿＿　观察对象：＿＿＿＿＿
请详细描述该幼儿优势智能的具体体现：

</td>
</tr>
</table>

心理学理论	5. 通过访谈、观察等方法,请记录该班幼儿园教师对多元智能理论的认识及教学行为。 6. 请举例说明您所在班级教师是如何运用"鹰架教学"理论的。 7. 您所在的班级教师在保教活动中是否运用了行为主义倡导的强化、惩罚等概念,请举例说明。
哲学基础实用主义	实用主义主张任何知识都包含有行动的因素,知识也因为能指引行动而具有价值。杜威主张将课程与儿童的经验结合起来,让儿童"在做中学"。通过访谈请记录该班幼儿园教师对实用主义与幼儿园课程之间关系的认识及教学行为。

社会学基础	1. 布朗芬布伦纳提出人类发展生态系统理论,结合该理论谈谈您所在的幼儿园课程开展情况。 2. 结合您所在的幼儿园,谈谈经济对幼儿园课程的影响。 3. 结合您所在的幼儿园,谈谈政治对幼儿园课程的影响。 4. 结合您所在的幼儿园,谈谈文化对幼儿园课程的影响。

单元三：幼儿园教学活动

幼儿园：   班级：   日期：

<table>
<tr><td rowspan="5">幼儿园教学活动</td><td>游戏活动特点</td><td colspan="4">☐ 趣味性　☐ 假想性　☐ 益智性　☐ 多样性
☐ 规则性　☐ 主体性　☐ 科技性　☐ 合作性
☐ 其他_____
请描述一个幼儿游戏活动，并分析其特点。</td></tr>
<tr><td>教学目标</td><td colspan="4">☐ 教师确定教学目标　　　　　　☐ 由教师和幼儿共同制定目标
☐ 幼儿是活动的主要发起者　　　☐ 具有预设性、固定性
☐ 关注知识技能，具有片面性　　☐ 具有生成性、游离性
☐ 强调全面发展，关注幼儿情感　☐ 具有宽泛性、模糊性
☐ 注重幼儿的主体性　　　　　　☐ 具有明确性、具体性
☐ 目标面向全体幼儿，具有统一性、强制性
☐ 目标尊重幼儿的个体发展差异，具有自愿性和差异性
☐ 其他_____</td></tr>
<tr><td>教学内容</td><td colspan="4">☐ 教材取向　　　☐ 学科取向　　　☐ 经验取向
☐ 教师预设教学内容，具有固定性
☐ 虽预设教学内容，但尊重幼儿选择，具有选择性、生成性
☐ 注重知识技能的获得，强调学习结果，具有急功近利性
☐ 注重幼儿的全面发展，关注学习兴趣，体现自然成长性
☐ 内容来源于周围世界，具有生活性、趣味性、游戏性
☐ 内容知识性、学科性强，枯燥乏味，呈现出小学化特点
☐ 其他_____</td></tr>
<tr><td>教学方法</td><td colspan="4">☐ 直观性原则　　☐ 启发性原则　　☐ 巩固性原则
☐ 量力性原则　　☐ 系统性原则　　☐ 生活性原则
☐ 因材施教原则　☐ 循循善诱原则　☐ 教学相长原则
☐ 教学方法以游戏为主
☐ 其他_____</td></tr>
<tr><td>教学评价</td><td colspan="4">☐ 目标取向　　　☐ 过程取向　　　☐ 主体取向
☐ 科学主义取向　☐ 人本主义取向
☐ 评价主体多元化　☐ 评价主体单一性
☐ 强调知识技能的获得，评价具有片面性
☐ 评价较为全面，更关注幼儿的全面发展及学习兴趣的培养
☐ 量的评价　　　☐ 质的评价　　　☐ 量和质相结合
☐ 其他_____</td></tr>
</table>

观察记录一个教学活动并进行全面分析评价	活动名称：
	活动目标：
	活动准备：
	活动过程：
	活动延伸：
	活动评价：

单元四：不同结构化程度的幼儿园教育活动

幼儿园：　　　　　　　　班级：　　　　　　　　日期：

单一科目	教学活动特点	□ 教师是教学活动设计者与主导者 □ 教学强调单一概念或技能的获得 □ 教学活动目标比较具体、清晰、细化 □ 教学活动学科特点较为明显 □ 教学内容主要来源于教材 □ 难以满足每个幼儿的兴趣和需要 □ 幼儿的自主性、主动性受到限制 □ 其他＿＿＿＿＿＿＿＿＿＿＿＿＿＿＿＿＿
	记录并评价一个单一科目教学活动	活动名称： 活动目标： 活动准备： 活动过程： 活动延伸： 活动评价：

教学活动特点		□ 教师是教学活动设计者与主导者 □ 幼儿是教学活动的发动者和主导者 □ 教学强调单一概念或技能的获得 □ 教学具有游戏化、生活化特点 □ 教学活动目标比较具体、清晰、细化 □ 教学活动学科特点较为突出 □ 教学内容主要来源于教材 □ 教学活动整合了多个领域的教育内容 □ 幼儿有充分的自主性、主动性 □ 其他＿＿＿＿＿＿＿＿＿＿＿＿＿＿＿＿＿＿
整合科目	记录并评价一个整合科目教育活动	活动名称： 活动目标： 活动准备： 活动过程： 活动延伸： 活动评价：

单元教学	单元教学活动特点	□ 单元教学活动由多个学科科目教学活动组合而成 □ 单元中各小活动紧密相连，围绕一个共同的主题开展 □ 单元中各小活动联系不紧密，多一个少一个不受影响 □ 教师是教学活动设计者与主导者 □ 教学活动是由教师与幼儿共同发起的 □ 教学具有游戏化、生活化特点 □ 教学活动学科组合特点较为明显 □ 教学内容主要来源于教材 □ 幼儿有充分的自主性、主动性 □ 其他_____
	记录并评价一个单元教育活动	活动名称： 活动目标： 活动准备： 活动过程： 活动延伸： 活动评价：

主 题 教 学	主 题 教 学 活 动 特 点	□ 主题教学活动由多个学科科目教学活动组合而成,教学活动学科组合特点较为明显 □ 主题教学活动中各小活动紧密相连,围绕一个共同的主题开展,活动的开展有先后顺序之分,不能颠倒 □ 主题教学活动中各小活动虽围绕一个共同的主题,但小活动多一个少一个不受影响,各小活动开展的顺序可以随意调换 □ 教师是教学活动设计者与主导者 □ 教学活动是由教师与幼儿共同发起的 □ 教学活动主要是幼儿发起的,具有生成性 □ 教学具有游戏化、生活化特点 □ 教学内容主要来源于教材 □ 幼儿有充分的自主性、主动性 □ 教学活动体现了探究性 一个主题教学活动开展持续的时间:＿＿＿＿＿＿＿＿＿＿ 主题教学活动家长参与程度: □ 非常多　□ 比较多　□ 一般　□ 比较少　□ 非常少 □ 其他＿＿＿＿＿＿＿＿＿＿＿＿＿＿＿＿＿＿
	勾 勒 出 一 个 主 题 网 络 教 学 图 并 评 价	

| 方案教学 | 方案教学活动特点 | □ 教学活动充分体现了以幼儿为中心,幼儿是活动的主要发起者,教师是环境的创设者以及幼儿活动的支持者
□ 教师是教学活动设计者与主导者,幼儿的主体性没有得到充分发挥,教学属于高结构化状态
□ 方案教学活动由多个学科科目教学活动组合而成,教学活动学科特点较为明显
□ 方案教学活动没有明显的学科痕迹,各小活动紧密相连,围绕一个共同的中心开展,活动的开展有先后顺序之分,不能颠倒
□ 方案教学活动中各小活动虽围绕一个共同的中心开展,但小活动多一个少一个不受影响,各小活动开展的顺序可以随意调换
□ 活动开展过程中可以根据幼儿的需要随机生成新的活动
□ 教学具有游戏化、生活化特点
□ 教学内容主要来源于教材
□ 幼儿有充分的自主性、主动性
□ 教学活动体现了探究性,幼儿对探究的问题感兴趣
□ 教师与幼儿之间的关系是民主、平等、友好的
一个方案教学活动开展持续的时间:＿＿＿＿＿＿＿＿＿＿＿＿
方案教学活动家长参与程度:
□ 非常多　□ 比较多　□ 一般　□ 比较少　□ 非常少
□ 其他＿＿＿＿＿＿＿＿＿＿＿＿＿＿＿＿＿＿＿＿ |
| | 勾勒出一个方案教学图并评价 | |

续　表

区角	区角活动特点	1. 区角的类型 □ 阅读区　　□ 语言区　　□ 音乐区　　□ 表演区 □ 科学区　　□ 数学区　　□ 休息区　　□ 积木区 ☑ 美工区　　□ 绘画区　　□ 电脑区　　□ 生活区 □ 玩具操作区　□ 娃娃家区　　□ 其他＿＿＿＿＿＿＿＿＿ 2. 区角的特点 □ 区角有足够丰富、适宜的操作材料 □ 区角活动中的材料干净、卫生 □ 区角材料摆放位置方便幼儿拿取 □ 区角材料能够根据幼儿的兴趣和需要及时更新 □ 区角限定了幼儿人数，并有明显标示 □ 幼儿经常到各区角活动，并自由开展活动 □ 区角显得很冷寂，平时教师不允许幼儿摆弄区角的材料 □ 各区角之间有界限，区角整体规划合理，路线顺畅 □ 区角活动与教师的日常集体教学活动有密切联系 □ 教师能够巡视各区角，必要时对幼儿的活动加以指导 □ 教师对各区角中的幼儿不闻不问 □ 幼儿园班级没有设置区角 一天当中幼儿在区角活动中的时间：＿＿＿＿＿＿＿＿＿ □ 其他＿＿＿＿＿＿＿＿＿＿＿＿＿
	个案观察	
	反思与建议	

单元五：幼儿园课程的编制与实施

幼儿园：　　　　　　　班级：　　　　　　　日期：

<table>
<tr><td rowspan="30">幼儿园课程编制</td><td colspan="5">1. 您所在幼儿园课程编制模式</td></tr>
<tr><td>☐ 目标模式</td><td>☐ 过程模式</td><td>☐ 实践模式</td><td>☐ 批判模式</td><td></td></tr>
<tr><td colspan="5">2. 您所在幼儿园课程类型</td></tr>
<tr><td>☐ 方案教学</td><td>☐ 主题教学</td><td>☐ 单元教学</td><td>☐ 学科教学</td><td>☐ 领域教学</td></tr>
<tr><td>☐ 蒙台梭利教学</td><td colspan="4">☐ High/Scope 教学</td></tr>
<tr><td colspan="5">其他_____</td></tr>
<tr><td colspan="5">3. 请观察并分析您所在幼儿园使用的课程（包括教材）特点，如省编课程、园本课程、幼教公司课程等。（若无可省略）</td></tr>
<tr><td colspan="5">（1）教材价格</td></tr>
<tr><td>☐ 非常贵</td><td>☐ 比较贵</td><td>☐ 合理</td><td>☐ 比较便宜</td><td>☐ 非常便宜</td></tr>
<tr><td colspan="5">（2）教材所属出版社</td></tr>
<tr><td>☐ 正规出版社</td><td>☐ 非正规出版社</td><td colspan="3">出版社单位名称：_____</td></tr>
<tr><td colspan="5">（3）教材印刷质量</td></tr>
<tr><td>☐ 非常好</td><td>☐ 比较好</td><td>☐ 一般</td><td>☐ 比较差</td><td>☐ 非常差</td></tr>
<tr><td colspan="5">（4）教案数量</td></tr>
<tr><td>☐ 非常丰富</td><td>☐ 比较丰富</td><td>☐ 一般</td><td>☐ 比较少</td><td>☐ 非常少</td></tr>
<tr><td colspan="5">（5）教案详细程度</td></tr>
<tr><td>☐ 非常详细</td><td>☐ 比较详细</td><td>☐ 一般</td><td>☐ 比较粗略</td><td>☐ 非常粗略</td></tr>
<tr><td colspan="5">（6）课程配备资源（如挂图、CD 等）</td></tr>
<tr><td>☐ 非常丰富</td><td>☐ 比较丰富</td><td>☐ 一般</td><td>☐ 比较差</td><td>☐ 非常差</td></tr>
<tr><td colspan="5">（7）幼儿用书绘画情况</td></tr>
<tr><td>☐ 电脑制图</td><td>☐ 手工绘画</td><td></td><td></td><td></td></tr>
<tr><td>☐ 非常精美</td><td>☐ 比较精美</td><td>☐ 一般</td><td>☐ 比较差</td><td>☐ 非常差</td></tr>
<tr><td colspan="5">（8）教师对课程的喜欢程度</td></tr>
<tr><td>☐ 非常喜欢</td><td>☐ 比较喜欢</td><td>☐ 一般</td><td>☐ 不太喜欢</td><td>☐ 很不喜欢</td></tr>
<tr><td colspan="5">（9）幼儿对课程的喜欢程度</td></tr>
<tr><td>☐ 非常喜欢</td><td>☐ 比较喜欢</td><td>☐ 一般</td><td>☐ 不太喜欢</td><td>☐ 很不喜欢</td></tr>
<tr><td colspan="5">（10）课程是否配备幼儿成长档案袋</td></tr>
<tr><td>☐ 是</td><td>☐ 否</td><td colspan="3"></td></tr>
<tr><td colspan="5">对幼儿成长档案袋的评价：

_____
_____
（11）该课程除纸质教材，是否配备电子教材（flash、音频、图片等）
☐ 是　　　　☐ 否
对电子教材的评价：
_____</td></tr>
</table>

幼儿园课程编制	（12）该园教师是否参与了所使用教材的编制？ □ 是　　　　　□ 否 （13）教材编写团队主要成员（可参见教材封面或扉页） （14）该园是否有园本课程？ □ 有　　　　　□ 无 请评价该园的园本课程（如无可省略）：
幼儿园课程实施	1. 省编幼儿园教材使用频率（如无则省略） 　□ 非常频繁　　□ 比较频繁　　□ 一般　　□ 比较差　　□ 非常差 2. 幼儿园课程实施的取向 　□ 忠实取向　　□ 相互适应取向　□ 创生取向 　□ 其他_____ 3. 影响幼儿园课程实施的因素 　□ 幼儿园课程与社会文化的适切性 　□ 教育行政管理部门的推动与支持 　□ 社会变革发展的趋势和需要 　□ 幼儿园课程本身的质量及操作性、传播性 　□ 幼儿园课程实施的管理和运行机制 　□ 幼儿园课程编制者与实施者之间的沟通 　□ 课程实施者本身的能力与水平 　□ 园长对教育、课程的认识和选择 　□ 幼儿园孩子所处的经济背景 　□ 幼儿园孩子本身的发展水平 　□ 其他_____

单元六：幼儿园特色课程

幼儿园：　　　　　　　班级：　　　　　　　日期：

幼儿园特色课程	1. 您所在幼儿园所实施的特色课程（可多选） 　□ 蒙台梭利课程　　□ 双语课程　　　　□ 艺术类课程　　□ 方案课程 　□ High Scope 教学　□ 运动类课程　　□ 多元智能课程　□ 节日课程 　□ 科学类课程　　　□ 数学类课程　　□ 语言类课程　　□ 乡土课程 　□ 其他＿＿＿＿＿＿＿＿＿＿＿＿＿＿＿＿＿＿＿＿＿＿＿＿＿＿＿＿＿ 2. 请观察您所在幼儿园或班级开展的特色课程，并分析其优缺点。

四

学前儿童健康教育篇

致 读 者

亲爱的读者：

　　您好！

　　俗话说，健康的乞丐比有病的国王更幸福。健康是人生第一财富，健康是维系生命的永恒话题，健全的精神寓于健全的体格。幼儿健康教育的意义现实而深远，是人类的共同追求。个体的健康行为习惯起始于生命早期，因而幼儿的健康教育显得尤为重要。以《幼儿园教师专业标准》和《3-6岁儿童学习与发展指南》等一系列文件的核心思想为指导，本篇的编写结合了学前儿童健康教育的学科特点、幼儿的生长发育及身心发展特点，吸收借鉴学前儿童健康教育理论研究与实践的最新成果，简化了理论性知识，加强了实践教学环节，强化了实践能力的培养。

　　立足于幼儿园健康教育实际工作，围绕教师的"教学"和幼儿的"发展"两条主线，本篇从多侧面、多角度建构了教育见习、实习中需要观察的知识要点，适用面宽，操作性强，文字简明易懂，深入浅出。本篇共包括18个单元，单元提纲挈领，突出重点，主要涵盖以下内容：幼儿安全教育、幼儿身体保护和生活自理能力教育、幼儿体育活动内容、幼儿体育活动常用的实施方法、幼儿体育活动组织形式、幼儿园饮食营养教育、儿童易患身体疾病、幼儿心理健康教育等。

　　本篇虽然涵盖了18个单元的主题内容，但尚未做到面面俱到。如果您使用、学习的教材中的部分知识点没有涉及，您可以灵活把握，自己根据实际需要增加观察内容。如果本篇涉及的内容，您所学教材或课程中没有涉及，请不要担心，这并不影响该实习手册的使用。为了方便您的观察，每个单元都细化了知识要点，很多板块已经给出了要点，您可以利用观察、访谈等方法在相应的方框内打钩或填写内容，这些知识要点或问题引导您有针对性地研究幼儿教育问题。该篇内容的编写主要参考了庞建萍与柳倩主编的《学前儿童健康教育与活动指导》、麦少美与孙树珍主编的《学前儿童健康教育活动指导》、刘馨编著的《学前儿童体育》等多部教材，在此表示感谢。

主编

单元一：幼儿安全教育

幼儿园：　　　　　　　　　班级：　　　　　　　　　日期：

观察对象：　　　　　　　　年龄：　　　　　　　　　性别：

注：部分内容可做个案观察

您所观察到的活动内容	交通安全	□ 认识交通标记，如红绿灯、斑马线等 □ 了解交通标记的意义及作用 □ 了解基本的交通规则，如红灯停绿灯行、右侧通行等 □ 培养安全意识，养成遵守交通规则的习惯 □ 其他＿＿＿＿＿＿＿＿＿＿＿＿＿＿＿＿＿＿＿＿＿＿＿
	消防安全	□ 懂得玩火的危险性 □ 掌握火灾中基本的自救技能 □ 了解常见的火灾形成原因 □ 参观消防队，观看消防演习 □ 了解消防车的作用、灭火器的使用方法及注意事项 □ 参与火灾疏散演习，熟悉各班的安全疏散线路 □ 其他＿＿＿＿＿＿＿＿＿＿＿＿＿＿＿＿＿＿＿＿＿＿＿
	食品卫生安全	□ 不随便捡食和饮用来历不明的东西 □ 不吃腐烂的、有异味的食物 □ 养成良好的饮食习惯，如进餐时不嬉笑打闹，喝热汤或热水时先吹一吹等 □ 懂得按照医生的吩咐或在成人指导下吃药，不乱吃药 □ 其他＿＿＿＿＿＿＿＿＿＿＿＿＿＿＿＿＿＿＿＿＿＿＿
	防触电	□ 知道不能随便玩弄电器、切割电线等 □ 了解当他人发生触电事故时的正确处理方法 □ 其他＿＿＿＿＿＿＿＿＿＿＿＿＿＿＿＿＿＿＿＿＿＿＿
	防溺水	□ 知道不能私自到河边、井边玩耍 □ 知道不能私自到河里游泳 □ 知道不能将脸闷入水中，做憋气游戏 □ 知道当同伴落水时，要呼救，并及时叫成人搭救 □ 其他＿＿＿＿＿＿＿＿＿＿＿＿＿＿＿＿＿＿＿＿＿＿＿

您所观察到的活动内容	幼儿园玩具安全	□ 了解并遵守玩大型玩具的基本规范,如玩滑梯时要等前面的幼儿离开后才可以往下滑,玩秋千时要坐稳抓紧等 □ 了解玩中型玩具(如积木、游戏棒)时,不得用其击打其他幼儿的身体,尤其是头部 □ 了解玩小型玩具(如玻璃球、木珠子等)时,不能将其放入口、耳、鼻中 □ 其他＿＿＿＿＿＿＿＿＿＿＿＿
	幼儿生活安全	□ 能够遵循规则进行运动与游戏,不拥挤推撞 □ 了解并遵循基本的安全规范,如不擅自从高处跳下,不擅自爬树、爬墙、爬窗台,不从楼梯扶手上往下滑,避免把手放在门缝里,不玩弄电器,不玩弄烟花爆竹,打雷时不站在树下等 □ 了解并遵循乘车安全规范,如不来回走动,手和头不伸出窗外等 □ 知道不能轻易相信陌生人,未经允许不能跟陌生人走 □ 独自在家时不随便给陌生人开门 □ 知道有区别地对待陌生人和熟人的方法 □ 知道遇到坏人或走失时求救的方法 □ 不逗弄黄蜂、蜈蚣、狗等危险动物 □ 当感觉自己身体不舒服和有疾病症状时,要及时告诉教师或家长 □ 其他＿＿＿＿＿＿＿＿＿＿＿＿
安全教育途径		1. 日常生活中的安全教育 　□ 教师能够及时关注到安全教育的时机 　□ 教师能够为幼儿安全提供正确的指导 　□ 教师能够有针对性地生成安全教育活动 　□ 其他＿＿＿＿＿＿＿＿＿＿＿＿ 2. 渗透在其他活动中的安全教育 　□ 幼儿每日出勤报告制　　　　□ 安全小组巡视制 　□ 全日观察记录中的安全教育　□ 定期的消防演习活动 　□ 幼儿外出活动中的安全教育　□ 设立安全标识 　□ 离园活动中的安全教育 　□ 其他＿＿＿＿＿＿＿＿＿＿＿＿ 3. 体验式的安全实践活动 　□ 教师设计的活动能够引发幼儿的参与兴趣 　□ 幼儿能够在活动中反复观察、感受、实践、探究 　□ 幼儿在亲身体验的游戏活动中能够获得知识、形成技能、发展能力 　□ 其他＿＿＿＿＿＿＿＿＿＿＿＿
具体方法		□ 对照比较法　　　　　　　　□ 实例分析法 □ 游戏模拟法 □ 其他＿＿＿＿＿＿＿＿＿＿＿＿

实施原则	☐ 倡导安全氛围 ☐ 发挥教育合力 ☐ 其他_____	☐ 重在自我保护
	_____	

请详细记录一次安全教育活动。

活动名称：

活动目标：

活动准备：

活动过程：

活动延伸：

活动评价：

单元二：幼儿身体保护和生活自理能力教育

幼儿园：　　　　　　　　班级：　　　　　　　　　　日期：

观察对象：　　　　　　　年龄：　　　　　　　　　　性别：

注：部分内容可做个案观察

<table>
<tr>
<td rowspan="4">您所观察到的活动内容</td>
<td>生活卫生方面</td>
<td>
1. 进餐
　□ 了解基本的食物及营养常识
　□ 掌握基本的进餐技能，如饭前洗手，进餐时细嚼慢咽等
　□ 注意饮食卫生　　　　　　　□ 不挑食，不偏食
　□ 其他_____
2. 着装
　□ 注意衣物卫生，衣服脏了要及时换洗
　□ 能根据气温变化和活动量的大小增减衣物
　□ 培养独立穿、脱衣鞋的能力
　□ 掌握基本的叠放衣鞋的能力
　□ 其他_____
3. 睡眠
　□ 早睡早起，有规律的作息，保证睡眠时间
　□ 睡眠姿势正确　　　　　　　□ 不蒙头睡觉
　□ 能够独立安静地入睡
　□ 睡前自主将衣物放在固定的地方
　□ 养成睡前刷牙、洗脸、洗脚的卫生习惯
　□ 其他_____
</td>
</tr>
<tr>
<td>清洁卫生方面</td>
<td>
□ 每日早晚洗脸一次　　　　□ 饭前便后洗手
□ 手脸脏了随时洗　　　　　□ 饭后漱口、擦嘴
□ 定期剪指甲　　　　　　　□ 每周洗头发 2-3 次
□ 定期理发　　　　　　　　□ 女孩不用金属发卡
□ 勤换内衣　　　　　　　　□ 勤换袜子
□ 勤洗澡　　　　　　　　　□ 定时大便
□ 其他_____
</td>
</tr>
<tr>
<td>环境卫生方面</td>
<td>
□ 注意将物品摆放在固定位置　　□ 注意将物品摆放整齐
□ 不乱丢果皮、纸屑　　　　　　□ 不乱写乱画
□ 不随地大小便　　　　　　　　□ 不随地吐痰
□ 其他_____
</td>
</tr>
<tr>
<td>器官保护方面</td>
<td>
1. 眼保健
　□ 掌握基本的眼保健知识，如眼皮、睫毛可以保护眼睛等
　□ 能够正确做眼保健操
</td>
</tr>
</table>

续　表

您所观察到的活动内容	器官保护方面	□ 初步养成做眼保健操的习惯 □ 阅读与书写的姿势正确 □ 不在运动的车上看书 □ 不躺着、趴着、走着看书 □ 看电视的距离远近适宜 □ 连续看电视、手机等电子产品的时间不超过 1 小时，每天不超过 2 小时 □ 不用别人的毛巾擦脸 □ 异物进入眼睛不搓揉 □ 知道吃胡萝卜、猪肝等对眼睛有好处 □ 其他_____ 2. 声带保健 □ 注意保护嗓子，不高声尖叫 □ 唱歌时用自然的声音 □ 唱歌后不马上喝凉水 □ 正确朗读，声音洪亮 □ 用嗓时间长，及时休息、润喉 □ 上呼吸道感染时，尽量不唱歌、不大声说话 □ 其他_____ 3. 口腔保健 □ 知道口腔里有牙齿、舌头等　　　□ 知道口腔里能分泌唾液 □ 了解牙齿的作用　　　　　　　　□ 了解舌头的作用 □ 了解唾液的作用　　　　　　　　□ 了解 5～6 岁的换牙保健知识 □ 学习刷牙、漱口等技能　　　　　□ 养成每天早晚刷牙的习惯 □ 了解基本的牙刷选择的知识　　　□ 不吮吸手指 □ 不贪吃甜食、冷食　　　　　　　□ 了解防龋齿的保健知识 □ 了解与口腔保健相关知识，如吃豆制品、花生等对牙齿有益 □ 其他_____ 4. 耳保健 □ 知道耳朵有耳廓、耳道等　　　　□ 了解耳道内的耳屎需要清除 □ 了解清除耳屎的正确方法　　　　□ 了解耳朵的重要作用 □ 知道遇到噪声时，要保护耳朵、捂耳朵、张开嘴 □ 洗澡、游泳时注意保护耳朵不进水 □ 其他_____ 5. 鼻保健 □ 了解鼻子的基本结构　　　　　　□ 了解鼻子各部分的基本功能 □ 掌握正确的擤鼻方法　　　　　　□ 不随意抠鼻孔 □ 不将异物塞入鼻孔　　　　　　　□ 注意避开灰尘、噪声大的地方 □ 打喷嚏时捂住口鼻 □ 掌握相关的营养知识，如吃西红柿、油菜对鼻子有益 □ 其他_____ 6. 皮肤保健 □ 掌握基本的皮肤保健知识　　　　□ 爱护自己的皮肤 □ 掌握洗手、洗脚、洗脸等的正确技能 □ 能够主动洗手、洗头、洗澡，常剪指（趾）甲，注意保持清洁 □ 其他_____

教育方法	□ 示范讲解法 □ 环境教育法 □ 表扬激励法 □ 活动比赛法	□ 随机教育法 □ 作品感染法 □ 分步学习法 □ 其他＿＿＿＿＿＿＿＿＿＿
教育原则	□ 全面性原则 □ 安全性原则	□ 主体性原则 □ 其他＿＿＿＿＿＿＿＿＿＿

请详细记录一次有关"身体保护和生活自理能力培养"的健康教育活动。

活动名称：

活动目标：

活动准备：

活动过程：

活动延伸：

活动评价：

单元三：幼儿体育活动内容之——基本动作的练习

幼儿园：　　　　　　　　　班级：　　　　　　　　　日期：
观察对象：　　　　　　　　年龄：　　　　　　　　　性别：
注：部分内容可做个案观察

走步	幼儿走步能力	小班	☐ 上体正直、自然地走 ☐ 向指定方向走，拖(持)物走 ☐ 能在指定范围内四散走 ☐ 能模仿各种动物走的姿势 ☐ 其他＿＿＿＿＿＿＿＿＿＿＿	
		中班	☐ 上体正直 ☐ 上下肢协调自然 ☐ 有合理而稳定的节奏 ☐ 步频适度 ☐ 能蹲着走 ☐ 集体走步时前后能够保持适宜的距离 ☐ 其他＿＿＿＿＿＿＿＿＿＿＿	☐ 两脚落地轻 ☐ 两臂前后自然摆动 ☐ 步幅适中 ☐ 能用脚尖走 ☐ 能在物体之间或平衡板上走
		大班	☐ 脚尖稍向正前方 ☐ 能够一对一整齐地走 ☐ 能够听信号变速走 ☐ 其他＿＿＿＿＿＿＿＿＿＿＿	☐ 步伐均匀 ☐ 能够听信号变换方向走 ☐ 可以集体进行较长距离的远足
	教学行为		☐ 为幼儿提供一个安全的走步环境 ☐ 鼓励幼儿大胆实践 ☐ 利用各种条件，帮助幼儿独立行走 ☐ 关注幼儿走路的姿势正确与否 ☐ 用散步、游览的方式发展幼儿走的能力 ☐ 其他＿＿＿＿＿＿＿＿＿＿＿	
跑步	幼儿跑步能力	小班	☐ 跑步时上体正直，稍向前倾 ☐ 能够听信号向指定方向跑 ☐ 能够100米慢跑或跑走交替	☐ 能够一个跟着一个地跑 ☐ 能在指定范围内四散跑 ☐ 其他＿＿＿＿＿＿＿＿＿
		中班	☐ 上下肢动作协调、自然 ☐ 在一定范围内四散追逐跑 ☐ 能完成100－200米慢跑或跑走交替 ☐ 其他＿＿＿＿＿＿＿＿＿＿＿	☐ 能够保持一路纵队跑 ☐ 能完成20米快跑

跑步	幼儿跑步能力	大班	☐ 跑步动作灵活,控制力强　　　　☐ 用前脚掌着地跑 ☐ 能够听信号变换方向跑　　　　☐ 能够听信号变速跑 ☐ 四散追逐跑、躲闪跑　　　　　　☐ 能完成 25 米快跑 ☐ 能够在狭窄的小道上跑　　　　☐ 能高抬腿跑、大步跑 ☐ 能完成 200 - 300 米慢跑或跑走交替 ☐ 其他_____
	教学行为		☐ 注意跑步形式的多样化 ☐ 跑步中提醒幼儿注意安全 ☐ 重点关注跑步中的腿部动作 ☐ 注意遵循人体活动规律,如跑前热身,跑后放松等 ☐ 跑步过程中根据幼儿身体状况调整活动量 ☐ 培养幼儿跑步中正确的呼吸方法 ☐ 对小班的孩子不要求速度和节奏 ☐ 对中、大班组织竞赛活动,培养积极性和进取心 ☐ 注意调整跑步的方向,防止圆圈跑时固定一个方向跑,长期将导致幼儿脊柱两侧肌肉和下肢发育不均衡 ☐ 其他_____
跳跃	幼儿跳跃能力	小班	☐ 可以双脚同时向上跳　　　　　　☐ 较长距离双脚连续向前跳 ☐ 从高度 15 - 25 厘米处向下跳 ☐ 能跳过一些简单的障碍物,如绳子等 ☐ 其他_____
		中班	☐ 原地纵跳触物(物体距离幼儿高举的手指尖 15 - 20 厘米) ☐ 双脚立定跳远,距离不少于 30 厘米 ☐ 从高 20 - 30 厘米处向下跳 ☐ 双脚在直线两侧行进跳 ☐ 单脚连续向前跳 ☐ 左右脚交替跳 ☐ 单双脚轮换跳 ☐ 助跑跨过不少于 40 厘米的平行线 ☐ 其他_____
		大班	☐ 原地纵跳触物(物体距离幼儿高举的手指尖 20 - 25 厘米) ☐ 双脚立定跳远,距离不少于 40 厘米 ☐ 从高 30 - 35 厘米处向下跳 ☐ 助跑跨过不少于 50 厘米的平行线 ☐ 助跑屈腿跳过 30 - 40 厘米的高度 ☐ 向前、向后、向左、向右变换跳 ☐ 行进向前侧跳 ☐ 能够转身跳 ☐ 其他_____
	教学行为		☐ 为幼儿的跳跃提供适宜的场地 ☐ 根据不同跳跃动作的需要,给予相应的指导 ☐ 重点关注起跳与落地,起跳方法正确,落地轻、稳,保持平衡 ☐ 帮助幼儿克服跳跃的恐惧心理,保护幼儿安全 ☐ 其他_____

续　表

投掷	幼儿投掷能力	小班	☐ 自然地向前上方挥臂掷物 ☐ 自然地向远方挥臂掷物 ☐ 其他＿＿＿＿＿＿＿＿＿＿＿
		中班	☐ 肩上掷远　　　　　　　　☐ 近距离抛接 ☐ 滚球击物　　　　　　　　☐ 投掷击打远处物体 ☐ 其他＿＿＿＿＿＿＿＿＿＿＿
		大班	☐ 半侧身转体肩上掷远　　　☐ 2-4米间抛接物体 ☐ 投远、投准(距离3米左右,标靶直径60厘米) ☐ 用球或沙包击打活动着的"靶" ☐ 用小圈套住近距离物体 ☐ 其他＿＿＿＿＿＿＿＿＿＿＿
	教学行为		☐ 投掷中让幼儿左右手都有机会参与练习 ☐ 经常指导、多加练习,运用多种游戏方法 ☐ 贯彻循序渐进的原则,逐步提高难度 ☐ 投掷物的选择适宜幼儿的发展水平,注意其大小、轻重等 ☐ 经常变换投掷物和投掷目标,保持幼儿的参与兴趣 ☐ 其他＿＿＿＿＿＿＿＿＿＿＿
攀登	幼儿攀登能力	小班	☐ 爬上较低的攀登设备　　　☐ 爬下较低的攀登设备 ☐ 其他＿＿＿＿＿＿＿＿＿＿＿
		中班	☐ 攀爬的动作协调、灵活 ☐ 能在各类攀爬设备上自由攀登 ☐ 其他＿＿＿＿＿＿＿＿＿＿＿
		大班	☐ 在攀爬设备上做钻、爬、移位等动作 ☐ 能够用交替手、交替脚的方法在攀登设备上攀上爬下 ☐ 能够自由攀爬滑梯的斜坡等 ☐ 其他＿＿＿＿＿＿＿＿＿＿＿
	教学行为		☐ 指导幼儿掌握手握横木的正确动作 ☐ 引导幼儿有秩序地攀爬,学会躲避危险,提高自我保护能力 ☐ 适当进行攀爬比赛,同时注意安全教育 ☐ 在安全的前提下,鼓励幼儿在攀爬过程中观察周围以及上下空间的环境变化,并进行交流,丰富幼儿的运动及情感经验 ☐ 利用现有的地形、场地,多给孩子练习机会 ☐ 其他＿＿＿＿＿＿＿＿＿＿＿
钻	钻的能力	小班	☐ 能够正面钻 ☐ 能钻过70厘米高的障碍物(橡皮筋或绳子) ☐ 其他＿＿＿＿＿＿＿＿＿＿＿
		中班	☐ 能够侧面钻 ☐ 能钻过直径为60厘米的圈 ☐ 其他＿＿＿＿＿＿＿＿＿＿＿

钻	钻的能力	大班	☐ 能够灵活运用各种钻的动作技能 ☐ 钻爬的速度灵活、协调、快速 ☐ 其他＿＿＿＿＿＿＿＿＿＿＿＿＿＿＿
	教学行为		☐ 教师提供给幼儿钻的教具，高低适宜，例如，用于幼儿正面钻的器械的空隙在幼儿胸部以上、耳部以下，宽度大于幼儿体宽；而用于侧面钻的器械的空隙在幼儿的胸部以下 ☐ 充分利用废旧材料开展钻的活动 ☐ 重视教师或能力较强幼儿的示范作用 ☐ 注意将钻、爬、跑、跳等动作相结合 ☐ 注意安全保护和帮助，避免发生碰撞 ☐ 要认真观察每个幼儿的活动状况，如果出现脸色异常、汗量增多，要及时转移幼儿的兴趣点，让幼儿得到适当的休息 ☐ 其他＿＿＿＿＿＿＿＿＿＿＿＿＿＿＿

爬	幼儿爬的能力	小班	☐ 能够钻爬过前方低矮的障碍物 ☐ 能两手两膝着地向前爬	☐ 能倒退着爬 ☐ 其他＿＿＿＿＿＿＿＿＿
		中班	☐ 爬的动作灵活、协调 ☐ 能两手两膝着地屈膝爬	☐ 动作有一定的节奏性 ☐ 其他＿＿＿＿＿＿＿＿＿
		大班	☐ 能肘膝着地爬 ☐ 其他＿＿＿＿＿＿＿＿＿	☐ 能俯卧在地上匍匐前进
	教学行为		☐ 创造条件鼓励幼儿练习爬的动作 ☐ 依据幼儿的发展水平，逐步增加动作难度，练习各种形式的爬行动作 ☐ 注意发展幼儿动作的灵敏性、协调性 ☐ 注意将钻、爬、跑、跳等动作相结合 ☐ 其他＿＿＿＿＿＿＿＿＿＿＿＿＿＿＿	

请详细记录一次有关"练习基本动作"的健康教育活动。

活动名称：

活动目标：

活动准备：

活动过程：

活动延伸：

活动评价：

单元四：幼儿体育活动内容之二——基本体操的练习

幼儿园：　　　　　　　　班级：　　　　　　　　　日期：
观察对象：　　　　　　　年龄：　　　　　　　　　性别：
注：部分内容可做个案观察

体操动作练习	幼儿体操动作能力	小班	□ 能够完成简单的体操（以模仿操为主，每套操 4-6 节，每节四四拍或二八拍，节奏较慢，活动量较小） □ 能够完成一两套简单的徒手操 □ 其他＿＿＿＿＿＿＿＿＿＿＿
		中班	□ 能够完成相对复杂的体操（每套操 7-8 节，每节二八拍，节奏有快有慢，活动量较大） □ 练习徒手操的姿势端正，动作自然、流畅、合拍 □ 练习简单的轻器械操 □ 其他＿＿＿＿＿＿＿＿＿＿＿
		大班	□ 能够完成较大难度的体操（每套操 8-9 节，每节两个或四个八拍，节奏变化较多、快慢相间，动作变化较多、难度较大） □ 练徒手操姿势端正，动作的方向、角度基本保持集体一致 □ 学习难度较大的轻器械操 □ 其他＿＿＿＿＿＿＿＿＿＿＿
	教学行为		□ 生动形象的讲解和示范结合 □ 注意示范的位置，使每名幼儿都可以清楚看到 □ 示范主要以镜面示范为主，辅以其他方位的示范 □ 关注幼儿做操时身体的姿势是否正确并及时纠正 □ 关注幼儿做操时动作的方向、力度是否正确并加以指导 □ 注意帮助幼儿学习正确的呼吸方法 □ 依据幼儿发展，适当更换操节，以保持幼儿的兴趣 □ 其他＿＿＿＿＿＿＿＿＿＿＿
排队和变换队形	幼儿排队能力	小班	□ 听口令做稍息　　　　□ 听口令做立正 □ 听口令做齐步走　　　□ 听口令做跑步走 □ 听口令做立定 □ 听口令做看齐（向前看齐，两臂放下） □ 其他＿＿＿＿＿＿＿＿＿＿＿
		中班	□ 听口令能较为整齐地做立正、看齐 □ 听口令能较为整齐地做齐步走、跑步走、立定 □ 听口令做原地踏步走 □ 听口令做原地跑步走 □ 其他＿＿＿＿＿＿＿＿＿＿＿

排队和变换队形	幼儿排队能力	大班	□ 听口令向左、右转 □ 听口令左右转弯走	□ 集体便步走 □ 其他＿＿＿＿＿＿＿＿
	幼儿变换队形能力	小班	□ 走一路纵队 □ 其他＿＿＿＿＿＿＿＿＿＿＿＿＿＿＿＿＿＿	□ 走圆圈队形
		中班	□ 听口令切段分队走 □ 其他＿＿＿＿＿＿＿＿＿＿＿＿＿＿＿＿＿＿	□ 听口令并队走
		大班	□ 听口令左右转弯分队走 □ 听口令蛇形走 □ 其他＿＿＿＿＿＿＿＿＿＿＿＿＿＿＿＿	□ 听口令螺旋走 □ 听口令开花走
	教学行为		□ 增加活动的趣味性，约束适当 □ 练习适当，避免幼儿产生厌烦情绪 □ 排队和变队重点放在辨别和识别空间方位上 □ 排队和变队与日常生活的各种活动结合起来 □ 注重教师或能力强的幼儿的示范作用 □ 口令清楚、声音洪亮 □ 分清预令和动令，预令长，动令短而有力 □ 其他＿＿＿＿＿＿＿＿＿＿＿＿＿＿＿＿＿＿＿＿＿＿＿＿	

请详细记录一次有关"练习基本体操"的健康教育活动。

活动名称：

活动目标：

活动准备：

活动过程：

活动延伸：

活动评价：

单元五：幼儿体育活动内容之三——体育游戏

幼儿园：　　　　　　　班级：　　　　　　　日期：

选择与创编体育游戏的原则	☐ 灵巧性原则　　　　　☐ 趣味性原则 ☐ 智慧性原则　　　　　☐ 教育性原则 ☐ 安全性原则 ☐ 其他＿＿＿＿＿＿＿＿＿＿＿＿＿＿＿＿＿＿＿	
体育游戏的组织与指导	游戏前的准备	☐ 熟悉教材，根据幼儿年龄特点制订计划 ☐ 游戏场所布置平整、清洁、安全 ☐ 依据活动内容充分准备所需玩教具，且数量充足 ☐ 正式活动前，引导幼儿做好充分的准备 ☐ 帮助幼儿检查整理服装、鞋子 ☐ 其他＿＿＿＿＿＿＿＿＿＿＿＿＿＿＿＿
	游戏开始	☐ 用简便的方法集中幼儿的注意力 ☐ 运用小游戏等形式，引导幼儿充分热身 ☐ 运用合理的方法分队和分配角色 ☐ 教师有计划地让每名幼儿找到适合自己的角色 ☐ 教师适当参与游戏，担当角色，提高幼儿积极性 ☐ 其他＿＿＿＿＿＿＿＿＿＿＿＿＿＿＿＿
	游戏进行中	☐ 将游戏的玩法、规则、要求等向幼儿完整清楚地讲述 ☐ 讲解方法生动，与示范相结合 ☐ 教师注意观察幼儿，并适时适当地进行指导 ☐ 教师适时运用交流、演示、讲评等方法，对幼儿游戏进行阶段性点评，鼓励幼儿继续游戏 ☐ 善于根据幼儿表现，调节活动量 ☐ 关注幼儿动作的正确性，适当进行纠正 ☐ 注意培养幼儿的集体主义精神，遵守游戏规则 ☐ 教师理解幼儿发展水平的局限性，公正合理地规范幼儿 ☐ 关注游戏的安全性 ☐ 其他＿＿＿＿＿＿＿＿＿＿＿＿＿＿＿＿
	游戏结束	☐ 准确把握游戏的结束时机 ☐ 利用游戏结束后的整理活动，使幼儿的身体与情绪逐步恢复平静 ☐ 结束后对整个游戏进行评议，主要以表扬优点为主，且表扬具体、准确 ☐ 对表现较差的幼儿不当众呵斥，而是游戏后做细致的教育工作 ☐ 游戏后，从游戏的全面任务完成情况让幼儿进行自我评议 ☐ 结束后，组织部分幼儿帮助教师整理场地与玩教具 ☐ 其他＿＿＿＿＿＿＿＿＿＿＿＿＿＿＿＿

请详细记录一个体育游戏活动。

活动名称：

活动目标：

活动准备：

活动过程：

活动延伸：

活动评价：

单元六：幼儿体育活动内容之四——运动器械活动

幼儿园：　　　　　　　班级：　　　　　　　日期：

您所观察到的幼儿园所具备的运动器械	固定性运动器械	☐ 滑行类,如滑梯、小滑板等 ☐ 旋转类,如转椅、宇宙飞船等 ☐ 攀登类,如攀登架、攀网等 ☐ 弹跳类,如蹦蹦床、充气城堡等 ☐ 其他_____	☐ 摆动类,如秋千、浪船等 ☐ 颠簸类,如摇马、跷跷板等 ☐ 钻爬类,如海洋球池等
	中小型可移动运动器械	☐ 平衡木　☐ 拱形门　☐ 投掷架 ☐ 木制台阶　☐ 小梯子　☐ 小三轮车 ☐ 脚踏车　☐ 摇摇车　☐ 小手推车 ☐ 滑板车 ☐ 其他_____	
	手持各种小型器械	☐ 棍棒　　　　　　　☐ 橡皮筋 ☐ 跳绳　　　　　　　☐ 塑料圈 ☐ 小哑铃　　　　　　☐ 毽子 ☐ 陀螺　　　　　　　☐ 小飞镖 ☐ 各种大小球类,如皮球、气球、乒乓球、幼儿保龄球等 ☐ 各类自制的体育活动器械,如沙包、小竹马、铁环等 ☐ 其他_____	

请详细记录一次有关"练习运动器械"的健康教育活动。

活动名称：

活动目标：

活动准备：

活动过程：

活动延伸：

活动评价：

单元七：幼儿体育活动常用的实施方法

幼儿园：　　　　　　　　　班级：　　　　　　　　　日期：

示范法	分类	1. 按照示范完整性：□ 完整示范　　　□ 分解示范 2. 按照示范主体：□ 个人示范　　　□ 集体示范 3. 按照示范的具体方法：□ 正面示范　□ 侧面示范 　　　　　　　　　　　　□ 镜面示范　□ 背面示范 4. 按照具体的示范内容：□ 动作示范　□ 活动方式示范 5. 其他＿＿＿＿＿＿＿＿＿＿＿＿＿＿＿＿＿＿＿＿＿＿＿
	教学行为	□ 示范具有明确的目的性 □ 示范正确，并且轻松、优美、熟练 □ 注意示范的位置，保证每名幼儿都能够清楚看到 □ 依据动作特点及活动的具体要求，选取合适的示范方向 □ 示范与讲解相结合 □ 其他＿＿＿＿＿＿＿＿＿＿＿＿＿＿＿＿＿＿＿＿
练习法	分类	□ 重复练习法　　　　　　□ 变化练习法 □ 条件练习法　　　　　　□ 完整练习法 □ 分解练习法　　　　　　□ 其他＿＿＿＿＿＿＿＿＿＿＿＿
	教学行为	□ 依据具体的活动内容选择恰当的练习方法 □ 善于将各类方法结合运用 □ 能够激发幼儿活动热情 □ 其他＿＿＿＿＿＿＿＿＿＿＿＿＿＿＿＿＿＿＿＿
讲解法	教学行为	□ 讲解内容正确，符合幼儿接受能力 □ 讲解简明扼要，重点突出 □ 讲解富有启发性 □ 讲解时机恰当，效果良好 □ 其他＿＿＿＿＿＿＿＿＿＿＿＿＿＿＿＿＿＿＿＿
具体帮助法	教学行为	□ 依据幼儿当时情况，顺其用力方向给予助力 □ 帮助时，教师注意站的位置 □ 帮助时，教师注意给予助力的身体部位 □ 教师提供的助力适当 □ 其他＿＿＿＿＿＿＿＿＿＿＿＿＿＿＿＿＿＿＿＿
游戏法与比赛法	教学行为	□ 目的明确　　　　　　　□ 规则要求具体 □ 注重发展体育能力　　　□ 评判公正 □ 依据幼儿身体状况，控制运动量 □ 及时发现教育机会，把握时机进行指导 □ 其他＿＿＿＿＿＿＿＿＿＿＿＿＿＿＿＿＿＿＿＿

请描述一个幼儿体育活动案例,并分析案例中使用的教育方法。

活动名称:

活动目标:

活动准备:

活动过程:

活动延伸:

活动评价:

单元八：幼儿体育活动组织形式之一——早操活动

幼儿园：　　　　　　　　班级：　　　　　　　　日期：

早操活动内容	☐ 慢跑或走跑交替的活动 ☐ 简单的舞蹈 ☐ 活动量较小的幼儿体育游戏活动 ☐ 其他＿＿＿＿＿＿＿＿＿＿	☐ 简单的模仿动作或律动动作 ☐ 幼儿基本的体操练习 ☐ 分散的体育活动
早操的组织及指导	☐ 早操活动时间在 15 分钟左右 ☐ 早操的队形、队列较为简单，不过分强调 ☐ 选择的音乐符合早操的活动要求 ☐ 音响的清晰度和音量适中 ☐ 早操中所做的体操动作或律动、舞蹈等，是幼儿已经熟练掌握的内容 ☐ 进行基本体操练习时，不过分强调幼儿的动作一致 ☐ 关注幼儿做操的态度是否认真 ☐ 关注幼儿做操的姿势是否正确 ☐ 其他＿＿＿＿＿＿＿＿＿＿	

请详细记录一个幼儿园早操活动，并分析其优缺点。

单元九：幼儿体育活动组织形式之二——户外体育活动

幼儿园：　　　　　　　　　班级：　　　　　　　　日期：

户外体育活动内容	☐ 利用环境和大型器械的锻炼活动,如楼梯、操场、沙地、假山等 ☐ 利用大、中、小型专业体育器械的锻炼活动,如攀爬架、平衡木等 ☐ 利用各种替代性器械或自制器械的锻炼活动,如椅子、轮胎等 ☐ 各类体育游戏活动 ☐ 晨间分散的自由体育活动 ☐ 定期开放的幼儿体育活动区的活动 ☐ 其他＿＿＿＿＿＿＿＿＿＿＿＿＿＿＿＿＿＿＿＿＿＿＿＿＿＿
教师的组织与指导	☐ 积极创造条件,为幼儿提供丰富的户外活动设备 ☐ 尊重幼儿的自我选择 ☐ 引导幼儿同伴间健康和谐的交往 ☐ 注意幼儿活动时的安全,并随时进行必要的安全指导 ☐ 依据实际情况,注意调节和控制幼儿的活动量 ☐ 对幼儿进行必要的指导,包括指导活动的方法、器械的使用方法等 ☐ 其他＿＿＿＿＿＿＿＿＿＿＿＿＿＿＿＿＿＿＿＿＿＿＿＿＿＿

请详细记录一个幼儿户外体育活动,并分析其优缺点。

单元十：幼儿体育活动组织形式之三——集体教学活动

幼儿园：　　　　　　　　班级：　　　　　　　　日期：

组织内容	开始部分	☐ 迅速将幼儿组织起来，集中幼儿注意力 ☐ 进行充分的热身活动 ☐ 调动幼儿参与活动的积极性和愿望 ☐ 开始部分的时间约占幼儿体育活动总时间的 10%-20% ☐ 其他_____
	基本部分	☐ 教学活动设计合理，各环节紧密联系、环环相扣 ☐ 前半段学习新的教学内容 ☐ 将能够引起幼儿高度兴奋或活动量较大的游戏放入后半段 ☐ 基本部分的活动时间约占幼儿体育活动总时间的 70%-80% ☐ 其他_____
	结束部分	☐ 利用轻松的游戏或动作，缓解幼儿身心高度兴奋或紧张的状态 ☐ 对本次活动进行简单的小结，对幼儿行为进行评价 ☐ 其他_____
教学行为		☐ 注重促进幼儿全面、和谐的发展，既发展幼儿运动能力，同时又发展幼儿智力、个性、社会适应性等 ☐ 合理安排运动负荷，包括生理负荷和心理负荷 ☐ 注意活动的游戏化，使幼儿获得良好的情感体验 ☐ 面向全体，同时注重因材施教 ☐ 其他_____

请详细记录一个幼儿体育集体教学活动。

活动名称：

活动目标：

活动准备：

活动过程：

活动延伸：

活动评价：

单元十一：幼儿体育活动组织形式之四——室内体育活动

幼儿园：　　　　　　　　班级：　　　　　　　　日期：

活动内容	□ 各种球类运动 □ 室内大型器械活动，如充气城堡、跳床等 □ 创造性身体表现活动，如舞蹈、体操、身体探索活动等 □ 体育游戏活动 □ 中、小型器械活动，如跳绳、走平衡板以及各类感统活动器材 □ 其他＿＿＿＿＿＿＿＿＿＿＿＿＿＿＿＿＿＿＿＿＿＿＿＿
活动组织	□ 根据场地大小安排幼儿人数，避免拥挤 □ 提醒幼儿注意安全，不干扰他人活动 □ 注意提供能够引发幼儿创造性活动的材料或器械 □ 适当组织幼儿自己布置和整理场地 □ 其他＿＿＿＿＿＿＿＿＿＿＿＿＿＿＿＿＿＿＿＿＿＿＿＿

请详细记录一个幼儿室内体育活动，并分析其优缺点。

单元十二：幼儿体育活动组织形式之五——远足活动及短途旅行

幼儿园：　　　　　　班级：　　　　　　日期：

活动内容	☐ 发展幼儿的基本动作，如走、跑、跳跃等 ☐ 通过观察自然界，发展幼儿感知自然的能力 ☐ 认识道路、路标等 ☐ 培养遵守交通规则、爱护公共设施的习惯 ☐ 其他＿＿＿＿＿＿＿＿＿＿＿＿＿＿＿＿＿＿＿＿＿＿＿
活动组织	☐ 依据幼儿的身心发展水平，设计路线、规定行进速度、确定活动量 ☐ 教师提前做好充分的物质准备，防止意外情况发生 ☐ 提前叮嘱幼儿活动的注意事项 ☐ 提前告知家长，并获得家长同意 ☐ 聘请相关人员，直接对幼儿进行相应教育，拓宽幼儿眼界 ☐ 其他＿＿＿＿＿＿＿＿＿＿＿＿＿＿＿＿＿＿＿＿

请详细记录一个幼儿远足及短途旅行活动。

单元十三：幼儿体育活动组织形式之六——亲子运动会

幼儿园：　　　　　　　班级：　　　　　　　日期：

活动内容	☐ 展示各班学过的幼儿体操、律动、舞蹈等 ☐ 每名幼儿都有机会加入表演 ☐ 每个年龄组都开展适合于本组幼儿能力水平的小型游戏或比赛活动 ☐ 设立多种游戏活动,幼儿和家长可自由选择游戏 ☐ 其他_____
活动组织	☐ 幼儿园定期开展亲子运动会,调动家长参与的积极性 ☐ 亲子运动游戏的准备工作不影响幼儿园正常的生活与教学 ☐ 活动材料简单、方便 ☐ 活动环节设计、安排合理 ☐ 注重促进家庭成员之间的感情交流 ☐ 教师善于把握机会提升家园合作 ☐ 游戏中,加强对幼儿和家长的随机指导 ☐ 整个运动会的气氛轻松、愉快 ☐ 其他_____

请详细记录一个幼儿园亲子运动会活动,并分析其优缺点。

单元十四：幼儿体育活动组织形式之七——"三浴锻炼"

幼儿园：　　　　　　　　　班级：　　　　　　　　　日期：

内容	□ 空气浴　　　　　　　　　　　　　　　　　　　□ 日光浴 □ 水浴
教学行为	□ 提前依据当地气候和季节特点以及幼儿园客观情况等，认真制定、适时调整锻炼的时间及具体内容 □ 遵循锻炼的循序渐进性 □ 做好安全保障工作 □ 提前做好幼儿的安全意识培养工作，制定必要的安全行为规范 □ 其他＿＿＿＿＿＿＿＿＿＿＿＿＿＿＿＿＿＿＿＿＿＿＿＿＿＿＿

请详细记录一个幼儿园"三浴锻炼"活动，并分析其优缺点。

单元十五：幼儿园饮食营养教育

幼儿园：　　　　　　　班级：　　　　　　　日期：

教学内容	1. 知识经验： □ 认识食物的名称　　　　　　□ 知道饮食的卫生要求 □ 认识食物的色彩　　　　　　□ 知道简单的处理和烹调食物的方法 □ 了解食物的味道　　　　　　□ 了解民间饮食文化及风俗习惯 □ 认识食物的形状　　　　　　□ 知道营养素与人体健康的关系 □ 知道常见的富有营养的食品和营养构成 □ 知道常见的不良饮食习惯以及对身体的危害 □ 掌握饮食的方法和技能，如剥虾壳、吃面等 □ 其他_____ _____ 2. 情感态度： □ 对了解营养知识、培养良好饮食习惯感兴趣 □ 喜欢吃各种常见的食物 □ 对自己及周围他人的饮食状况给予关注 □ 其他_____ _____ 3. 行为习惯： □ 不吃零食，不挑食，不偏食 □ 能评价自己和别人的营养状况、饮食行为 □ 建立良好的饮食行为习惯，如饭前洗手，饭后漱口等 □ 养成健康文明的饮食礼仪，如讲究餐桌卫生，不浪费食物等 □ 其他_____ _____
教学原则	□ 需要性原则　　　　　　□ 可行性原则 □ 安全性原则　　　　　　□ 一致性原则 □ 直接性原则　　　　　　□ 渐进性原则 □ 全面性原则 □ 其他_____ _____
教学方法	□ 讲解演示法　　　　　　□ 行为练习法 □ 讨论评议法　　　　　　□ 实践操作法 □ 游戏法　　　　　　　　□ 情景表演法 □ 其他_____ _____

教育途径	□ 专门的饮食营养教育活动　　　　　　　　□ 随机的饮食营养教育活动 □ 体验式饮食营养教育活动 □ 其他_____ _____

请详细记录一个幼儿园饮食营养教育活动,并分析其优缺点。

单元十六：幼儿易患身体疾病

幼儿园：　　　　　　　　班级：　　　　　　　　日期：
观察对象：　　　　　　　年龄：　　　　　　　　性别：
注：部分内容可做个案观察

佝偻病	病因	☐ 日光照射不足 ☐ 长期腹泻 ☐ 缺乏维生素 D ☐ 其他_____	☐ 生长过快 ☐ 饮食不合理 ☐ 环境污染
	症状	一般症状 ☐ 睡眠不安，夜间常惊醒哭闹 ☐ 枕秃（枕部头发稀少）	☐ 多汗，与气候冷暖关系不大 ☐ 其他_____
		骨骼改变 ☐ 方颅　☐ 前囟晚闭　☐ 串珠肋　☐ 鸡胸 ☐ 下肢弯曲　☐ 其他_____	
肥胖病	病因	☐ 多食、少动 ☐ 心理因素 ☐ 其他_____	☐ 遗传因素 ☐ 内分泌疾病
	症状	☐ 食量超过一般幼儿，喜欢淀粉、油脂类食品 ☐ 体格发育较正常小儿迅速 ☐ 体脂聚集以乳房、腹部、臀部、肩部尤为显著 ☐ 易患扁平足 ☐ 其他_____	
弱视	病因	☐ 斜视 ☐ 形觉剥夺 ☐ 其他_____	☐ 屈光不正或屈光参差 ☐ 遗传因素
龋齿	病因	☐ 不注重口腔卫生 ☐ 饮食因素	☐ 钙化不良 ☐ 其他_____
	症状	☐ 牙齿的牙釉质、牙本质较薄，遇冷热酸甜等刺激有酸痛不适感 ☐ 龋洞深入牙髓，易引起剧烈牙痛 ☐ 牙齿颜色发黑、发灰 ☐ 其他_____	
蛔虫病	症状	☐ 面黄肌瘦、贫血、发育不良 ☐ 脐周围疼痛 ☐ 睡眠不安、磨牙、烦躁不安 ☐ 常会发生荨麻疹、皮肤瘙痒等过敏现象 ☐ 其他_____	

续　表

个案观察	
反思与建议	

单元十七：幼儿心理健康教育

幼儿园：　　　　　　　　班级：　　　　　　　　日期：
观察对象：　　　　　　　年龄：　　　　　　　　性别：
注：部分内容可做个案观察

教学内容	1. 帮助幼儿学会调整自己的情绪 　□ 学习自觉转移注意力　　　　　　□ 学习合理宣泄不良情绪 　□ 保持良好心态　　　　　　　　　□ 其他＿＿＿＿＿＿＿＿＿ 2. 帮助幼儿学习社会交往技能 　□ 学会移情　　　　　　　　　　　□ 学会分享与合作 　□ 学会尊重与互助　　　　　　　　□ 恰当的自我评价 　□ 其他＿＿＿＿＿＿＿＿＿ 3. 帮助幼儿形成良好的行为习惯 　□ 建立科学的日常生活习惯　　　　□ 养成良好的卫生习惯 　□ 培养广泛的兴趣　　　　　　　　□ 其他＿＿＿＿＿＿＿＿＿ 4. 对幼儿进行初步的性教育 　□ 引导幼儿正常进入性角色　　　　□ 消除幼儿对性的神秘感 　□ 其他＿＿＿＿＿＿＿＿＿ 5. 预防心理障碍和行为异常 　□ 帮助幼儿消除情绪障碍、品行障碍、语言障碍、排泄障碍等 　□ 帮助幼儿改正不良习惯，如吮吸手指、多动、咬指甲 　□ 其他＿＿＿＿＿＿＿＿＿
教育原则	□ 注重体验情感 □ 注重环境创设，包括物质层面与精神层面 □ 注重多途径的影响，如移情训练、角色扮演、模拟活动等 □ 其他＿＿＿＿＿＿＿＿＿
教育方法	□ 榜样示范　　　　　　　　　　　□ 情景演示 □ 行为练习　　　　　　　　　　　□ 讲解说理 □ 讨论评议　　　　　　　　　　　□ 其他＿＿＿＿＿＿＿＿＿
教育途径	1. 正式的教育途径 　□ 专门的心理健康活动　　□ 专家的心理咨询　　□ 一般的行为指导 　□ 其他＿＿＿＿＿＿＿＿＿ 2. 生活活动 　□ 幼儿园环境轻松、愉快 　□ 教师的日常行为的积极影响 　□ 教师日常生活中随时给予指导 　□ 提供特定区域，使幼儿合理发泄不良情绪 　□ 拓展丰富各类活动，如运动会、文艺演出活动等 　□ 其他＿＿＿＿＿＿＿＿＿

教育途径	3. 家园合作 □ 幼儿园帮助家长认清幼儿心理健康的重要性 □ 幼儿园争取与家庭长期配合 □ 要求家长以身作则为幼儿树立榜样 □ 其他＿＿＿＿＿＿＿＿＿＿＿＿＿＿＿＿＿＿＿＿＿＿

请详细记录一个幼儿心理健康教育活动，并分析其优缺点。

单元十八：幼儿园健康教育活动评价

幼儿园：　　　　　　　　班级：　　　　　　　　日期：

对活动目标的评价	□ 活动目标体现宏观教育政策的要求 □ 活动目标与各级分目标一致 □ 活动目标全面，含有知识、技能、情感等方面 □ 活动目标的设立充分考虑了幼儿的身心发展特点 □ 其他＿＿＿＿＿＿＿＿＿＿＿＿＿＿＿＿＿＿＿＿＿
对活动设计的评价	□ 活动内容科学　　　　　　　　□ 活动内容适量 □ 活动方法有效　　　　　　　　□ 活动各个环节设计时段合理 □ 活动设计考虑到幼儿的经验水平与学习特点 □ 活动设计考虑到教育材料的可获得性 □ 其他＿＿＿＿＿＿＿＿＿＿＿＿＿＿＿＿＿＿＿＿＿
对活动实施过程的评价	□ 活动中各个环节的过渡自然、流畅 □ 在需要保育员、家长等的合作时，能够合理分工、协调 □ 健康教育活动中能够运用丰富的教育材料 □ 健康教育活动中能够使用多种方法，使活动生动有趣 □ 活动时间适宜 □ 活动中动静能够有效结合 □ 其他＿＿＿＿＿＿＿＿＿＿＿＿＿＿＿＿＿＿＿＿＿
对活动所产生的近期影响的评价	□ 幼儿的健康状况良好 □ 幼儿所掌握的健康知识与技能逐步丰富 □ 幼儿的安全意识逐步提升 □ 幼儿逐步建立良好的卫生习惯 □ 幼儿的生活自理能力逐步提高 □ 幼儿的心理状态良好，自我调节能力增强 □ 其他＿＿＿＿＿＿＿＿＿＿＿＿＿＿＿＿＿＿＿＿＿

个案观察	
反思与建议	

五

学前儿童语言教育篇

致 读 者

亲爱的读者：

您好！

语言是交流和思维的工具。婴儿从出生之日起就已经开始运用语言和非语言的沟通手段获得语言经验，逐渐扩展对周围世界的认识。语言是幼儿认识世界、了解世界、表达情感的媒介。幼儿期是语言发展，特别是口语发展的重要时期。幼儿语言的发展贯穿于各个领域，也对其他领域的学习与发展有着重要的影响。幼儿在运用语言进行交流的同时，发展着人际交往能力、理解他人和判断交往情境的能力、组织自己思想的能力。通过语言获取信息，幼儿的学习逐步超越个体的直接感知。

《学前儿童语言教育》是一门应用性学科。幼儿的语言能力是在交流和运用的过程中发展起来的。应为幼儿创设自由、宽松的语言交往环境，鼓励和支持幼儿与成人、同伴交流，让幼儿想说、敢说、喜欢说，并能得到积极回应。本篇以《3-6岁儿童学习与发展指南》为指导思想，力图以浅显的语言反映幼儿园语言教育教学行为，旨在帮助学生在教育见习、实习中树立正确的学前儿童语言发展观和教育观，发现并解决学前儿童语言教育实践中的实际问题。

本篇共有24个单元，覆盖的知识点较为广泛，主要有以下内容：幼儿语音发展与教育、幼儿文学作品活动、幼儿谈话活动设计与组织、幼儿讲述活动、幼儿阅读活动、幼儿英语教育活动等。本篇的编写主要参考了张加蓉、卢伟主编的《学前儿童语言教育活动指导》，张明红编著的《学前儿童语言教育与活动指导》等多部教材，在此表示感谢。

主编

单元一：幼儿语音发展与教育

幼儿园：　　　　　　　　班级：　　　　　　　　日期：

观察对象：　　　　　　　年龄：　　　　　　　　性别：

幼儿语音发展个案观察	□ 幼儿有语音辨别能力　　　　　　　　□ 对语言的意识开始形成 □ 能够评价别人的发音特点　　　　　　□ 能够自觉调节自己的发音 □ 基本掌握本民族的全部语音　　　　　□ 对韵母的发音正确率高于声母 □ 语音发展受语言环境的影响 □ 其他_____
影响幼儿语音发展的因素	□ 生理因素　　　　　　　　　　　　　□ 语言因素 □ 环境因素　　　　　　　　　　　　　□ 其他_____ 请描述一个关于幼儿语音发展的案例，并分析其中体现了哪些影响因素。 _____ _____ _____
教师教学行为	□ 培养幼儿的准确听音能力　　　　　　□ 培养幼儿的言语表情 □ 示范正确发音，讲解发音方法　　　　□ 培养幼儿语言交往的修养 □ 以积极的态度、科学的方法纠正幼儿的错误发音 □ 教会幼儿按照普通话的声调讲话 □ 通过各种方式指导幼儿进行发音练习 □ 了解本班幼儿发音的基本情况及具体特点 □ 针对语音发展现状，制订相应的教育计划和措施 □ 练习方式和内容要丰富，尽量在日常生活和游戏中进行 □ 根据本班幼儿语音的掌握情况，进行集体或个别的练习 □ 语音教育与教育活动、日常生活紧密结合 □ 与家长积极沟通，取得家长的支持与配合 □ 其他_____
个案分析	
反思与建议	

单元二：2－3岁幼儿语言发展与教育

幼儿园：　　　　　　　　班级：　　　　　　　　日期：
观察对象：　　　　　　　年龄：　　　　　　　　性别：
注：部分内容可做个案观察

语言发展阶段与特点	初步掌握口语阶段（2－2.5岁）	☐ 基本上能理解成人的句子，并能执行成人的指令 ☐ 语言逐渐稳定和规范 ☐ 会用语言与成人进行简单的交谈 ☐ 喜欢提问，会使用名词动词等 ☐ 能运用多种简单句型，能够模仿成人说出的句子 其他_____
	目标口语初步发展阶段（2.5－3岁）	☐ 词汇量增长迅速，学习的积极性高 ☐ 语言的内化能力发展，能对句子规则形成抽象印象 ☐ 能说出完整的句子，出现了多词句、复合句 ☐ 说话不流畅，常出现"破句现象" ☐ 语言日益丰富、准确 其他_____

幼儿语言教育教师教学所遵循的原则	☐ 言语行为原则：用同幼儿进行交谈的方法，使其学到有关语言的技能 ☐ 略前性原则：依照幼儿语言发展的顺序性确定幼儿语言发展的最近发展区，并把教学难度控制在此发展区中 ☐ 扩充性原则：引导幼儿从已有的语言水平向最近语言发展区发展，在重复的基础上向幼儿提出新的语言学习任务，并给出学习范例 ☐ 语境匹配性原则：话语同语言环境相匹配 ☐ 良好原型性原则：老师为幼儿建立典型的词语发展的参照基点，幼儿根据原型所提供的信息，不断加深、扩展词义内容 ☐ 迁移性原则：通过对事物的转化和变换等形式发展幼儿的语言能力 ☐ 容错性原则：语言教育中要合理纠正幼儿语言错误 ☐ 随时性原则：在日常生活中随时随地进行语言的指导 其他_____

请简要描述有关幼儿语言教育的活动，并指出其中体现了上述哪些语言教育原则。

单元三：3－6 岁幼儿的词汇发展与教育

幼儿园：　　　　　　　班级：　　　　　　　日期：

发展特点（需长期观察）	□ 词汇数量迅速增加 □ 词类范围逐渐扩大 □ 对词义的理解逐渐准确和深化 □ 其他_____
教育内容	□ 丰富幼儿词汇，为幼儿提供的新词应以实词为主 □ 让幼儿通过与成人或同伴的自然交往来学习新词 □ 帮助幼儿正确理解词义，让词和词所反映的事物同时出现 □ 借助有关材料为幼儿提供词汇的直观信息 □ 引导幼儿联系上下文或根据自己已有的经验理解词义 □ 帮助幼儿正确运用词汇，经常为幼儿提供正确用词的典范 □ 针对幼儿经常错用或误用的词汇，及时给予纠正 □ 为幼儿创设适宜的环境，鼓励他们大胆使用已理解的词汇 □ 其他_____
词汇教育的基本途径	□ 在日常生活中丰富幼儿的词汇 □ 通过观察实物和外出参观活动丰富幼儿的词汇 □ 运用智力游戏进行词语训练 □ 运用幼儿文学作品进行词汇教育 □ 其他_____
个案观察	
反思与建议	

单元四：幼儿语法发展与教育

幼儿园：　　　　　　　　班级：　　　　　　　　日期：

发展特点(需长期观察)	□ 句型从简单句到复杂句 □ 句型从不完整句到完整句 □ 句型从陈述句到非陈述句 □ 句型从无修饰句到修饰句 □ 句子结构和词性从混沌一体到逐渐分化 □ 句子结构从松散到逐步严谨 □ 句子结构由压缩、呆板到逐步扩展和灵活 □ 其他_____
教师教学行为	□ 教孩子说完整的句子,让孩子按固定的语序说话 □ 培养孩子的对话能力和独自讲述的能力 □ 要求孩子能围绕一定的主题,清楚地表达自己的思想感情 □ 用幼儿易于理解的词来进行造句的训练 □ 由口头造句开始,引导幼儿用一个完整的句子表达思想 □ 用游戏的形式提高幼儿说完整句的积极性 □ 其他_____
个案观察	
反思与建议	

单元五：口语表达能力的发展与教育

幼儿园：　　　　　　　班级：　　　　　　　日期：

发展特点（需长期观察）	□ 从对话语言过渡到独白语言 □ 从情境性语言过渡到连贯性语言 □ 内部语言的产生 □ 其他＿＿＿＿＿＿＿＿＿＿＿＿＿＿＿＿＿＿＿＿
教师教学行为	□ 为幼儿创设自由、宽松的语言环境 □ 保护幼儿语言表达的积极性，允许和接纳其语言表达中的错误 □ 创造良好的交往互动环境，切实提高其语言能力 □ 将语言教育渗透到其他领域的教育活动中 □ 尊重个体差异，满足个别需要 □ 其他＿＿＿＿＿＿＿＿＿＿＿＿＿＿＿＿＿＿＿
个案观察	
反思与建议	

单元六：幼儿故事活动

幼儿园：　　　　　　班级：　　　　　　　日期：

幼儿故事选材	☐ 主题单一明确，有一定的教育意义 ☐ 情节具体，生动有趣，有起伏 ☐ 按一定顺序记叙，结构紧凑完整 ☐ 人物形象鲜明突出，易于幼儿理解、喜欢 ☐ 故事要利于训练幼儿创新思维，留给幼儿发挥想象的空间 ☐ 故事要有针对性 ☐ 故事选择要体现年龄班特征 ☐ 题材广泛 ☐ 叙事为主，语言口语化 ☐ 其他＿＿＿＿＿＿＿＿＿＿＿＿＿＿＿＿＿＿＿＿＿＿
幼儿故事活动过程设计	1. 恰当导入：创设情境，引出故事 2. 教师通过幻灯片、录音、木偶表演或生动有趣的故事课件等形式，生动有感情地第二遍讲述故事 3. 通过挂图、教具、故事表演和描述性、思考性、假设性的三层次提问等方式，帮助幼儿理解故事的主题、情节、人物性格 4. 迁移故事经验，围绕故事主题开展系列创造性语言活动 5. 活动延伸：安排与主题相关的渗透五大领域的系列游戏活动 请对教师的某一故事活动设计的过程进行评价。 ＿＿＿＿＿＿＿＿＿＿＿＿＿＿＿＿＿＿＿＿＿＿＿＿＿＿＿＿＿＿＿＿＿ ＿＿＿＿＿＿＿＿＿＿＿＿＿＿＿＿＿＿＿＿＿＿＿＿＿＿＿＿＿＿＿＿＿
教师教学行为	☐ 利用多种形式积累幼儿相关的知识、生活经验 ☐ 教师讲述故事语言要规范、完整、生动形象 ☐ 教学形式丰富多样，围绕故事主题开展相关的活动，调动幼儿各种感官，采用视、听、讲、做结合法，发展幼儿的完整语言 ☐ 教师重在引导幼儿理解、体验作品，所以描述性、思考性、假设性的三层次提问引导应准确、恰当 ☐ 以发展幼儿创造性想象和语言表述为主，教师为幼儿创设丰富的教学活动形式，给幼儿直接感知和亲身体验、大胆想象和表述的机会 ☐ 其他＿＿＿＿＿＿＿＿＿＿＿＿＿＿＿＿＿＿＿＿
幼儿故事编构活动	☐ 幼儿根据个人对故事语言、情节、人物、主题的理解，在故事行将结束时围绕故事想象编构一个结局 ☐ 教师在讲述到故事高潮部分时戛然而止，提醒幼儿想象可能编构的部分 ☐ 教师给幼儿提供一些背景材料，以助于幼儿编构故事 ☐ 其他＿＿＿＿＿＿＿＿＿＿＿＿＿＿＿＿＿＿＿＿

请详细记录一个有关"幼儿故事活动"的语言教育活动。

活动名称：

活动目标：

活动准备：

活动过程：

活动延伸：

活动评价：

单元七：幼儿诗歌、散文活动

幼儿园：　　　　　　　　　班级：　　　　　　　　　日期：

<table>
<tr>
<td rowspan="3">选
材</td>
<td>一
般
要
点</td>
<td colspan="2">☐ 题材广泛,有意义
☐ 构思巧妙,富有想象力,充满童趣
☐ 符合幼儿已有经验水平
☐ 其他_____</td>
</tr>
<tr>
<td rowspan="2">各
年
龄
班
选
材
要
点</td>
<td>小
班</td>
<td>☐ 以儿歌为主
☐ 篇幅短小,主题集中,含一个画面
☐ 语言形象,活泼生动,构思巧妙
☐ 其他_____</td>
</tr>
<tr>
<td>中
班</td>
<td>☐ 以儿歌、幼儿诗为主
☐ 画面一个以上,篇幅稍长
☐ 语言要丰富多彩,多用重复结构
☐ 其他_____</td>
</tr>
<tr>
<td colspan="2"></td>
<td>大
班</td>
<td>☐ 选择题材广泛
☐ 篇幅较长,画面丰富
☐ 表现方式多样
☐ 其他_____</td>
</tr>
<tr>
<td>过
程
设
计</td>
<td colspan="3">1. 导入：设置情境,引出作品
2. 教师示范朗读诗文
3. 帮助幼儿理解诗文
　☐ 通过音乐、挂图、幻灯片、多媒体课件等教具,帮助幼儿理解诗歌
　☐ 通过描述性、思考性、假设性的三层次提问,帮助幼儿理解诗文
　☐ 理解难懂的字、词、句
　☐ 理解诗文的情绪情感
　☐ 理解诗文的表现形式
4. 学习朗读诗文
5. 围绕诗文主题开展相关的活动
　☐ 诗歌表演游戏
　☐ 配乐朗诵
　☐ 绘画
　☐ 唱诵
　☐ 诗歌仿编活动</td>
</tr>
</table>

幼儿诗歌、散文活动的仿编	仿编形式	□ 换词——画面局部变化的理解 □ 换系列词——画面变化的想象与表现 □ 换画面——新画面的理解 □ 其他＿＿＿＿＿＿＿＿＿＿＿＿＿＿＿＿
	教师教学行为	□ 引导幼儿学习并熟练掌握诗歌、散文 □ 引导幼儿讨论诗歌、散文，尤其是诗歌、散文中的固定句式，情感基调等 □ 准备相应的仿编教具，拓展幼儿相关生活经验，引导幼儿展开丰富和大胆的想象 □ 教师示范仿编 □ 引导幼儿部分仿编 □ 激发幼儿对文学创作的浓厚兴趣和自豪感 □ 其他＿＿＿＿＿＿＿＿＿＿＿＿＿＿

请详细记录一个有关"幼儿诗歌、散文活动"的语言教育活动。

活动名称：

活动目标：

活动准备：

活动过程：

活动延伸：

活动评价：

单元八：幼儿绕口令活动

幼儿园：   班级：   日期：

幼儿绕口令的选材	☐ 根据地域特色选取相应的绕口令，以纠正幼儿的方言发音 ☐ 根据幼儿的年龄段特点和本班幼儿的实际情况选材 ☐ 其他＿＿＿＿＿＿＿＿＿＿＿＿＿＿＿＿＿＿＿＿＿＿
教师教学行为	☐ 熟悉所选活动材料 ☐ 做好相应的教玩具准备 ☐ 设置情景导入 ☐ 教师示范朗诵，用正确语速，读准相似音，吐字清楚，富有情感 ☐ 帮助幼儿理解绕口令 ☐ 教师再次示范朗诵，引导幼儿背诵绕口令 ☐ 教师通过实物或图卡引导幼儿发准相似音，采取多种形式的练习，逐步提高要求，增加速度，达到又快又准确 ☐ 围绕绕口令开展相应的游戏活动 ☐ 其他＿＿＿＿＿＿＿＿＿＿＿＿＿＿＿＿＿＿＿＿＿＿

请详细记录一个有关"幼儿绕口令活动"的语言教育活动。

活动名称：

活动目标：

活动准备：

活动过程：

活动延伸：

活动评价：

单元九：幼儿谜语活动

幼儿园：　　　　　　　　班级：　　　　　　　　日期：

教师 教学 行为	☐ 情景导入，引起幼儿猜谜的好奇心和浓厚兴趣 ☐ 教师介绍谜语的组成：谜面和谜底 ☐ 要求幼儿仔细听清楚每个字、每句话，将几句话连起来思考，谜面的每一句话都要与谜底吻合、呼应，应把每一句的特征综合起来判断 ☐ 教师示范猜谜，引导幼儿将谜底与谜面逐句对应、检验 ☐ 教师念谜面，发音准确，吐字清楚，速度适中，关键词重读 ☐ 教师启发幼儿猜谜，可做适当讲解，并通过提出启发性问题引导幼儿思考 ☐ 出示谜底，师生共同印证谜底 ☐ 出示图片或实物，再次印证谜语 ☐ 记忆谜语谜面儿歌 ☐ 同样方法出示 2 - 3 个谜语，引导幼儿猜谜 ☐ 教师小结，在幼儿保持猜谜的浓厚兴趣情况下，引导幼儿在日常生活中继续猜谜活动 ☐ 其他＿＿＿＿＿＿＿＿＿＿＿＿＿＿＿＿＿＿＿
幼儿编 谜的能 力结构	☐ 具有一定的生活知识经验，特别是对生活中常见事物的特征或习性有一定的认识 ☐ 智力发展到一定水平，要求幼儿有较强的语言理解能力和记忆能力，以及语言表达和驾驭能力 ☐ 幼儿对谜语本身的熟练认知，且对谜语有浓厚的兴趣 ☐ 其他＿＿＿＿＿＿＿＿＿＿＿＿＿＿＿＿＿＿＿
编谜活 动中教 师教学 行为	☐ 教师引导幼儿认知谜语特点 ☐ 教师示范编谜 ☐ 教师出示一个谜底，引导幼儿编谜 ☐ 教师引导幼儿背诵自编谜语 ☐ 其他＿＿＿＿＿＿＿＿＿＿＿＿＿＿＿＿＿＿＿

请详细记录一个有关"幼儿谜语活动"的语言教育活动。

活动名称：

活动目标：

续　表

活动准备：

活动过程：

活动延伸：

活动评价：

单元十：幼儿儿歌活动

幼儿园：　　　　　　　班级：　　　　　　　日期：

幼儿儿歌选材	□ 儿歌内容单纯、浅近、具体形象 □ 儿歌的写作手法生动活泼 □ 儿歌的语言简练、节奏明快、音韵和谐 □ 其他＿＿＿＿＿＿＿＿＿＿＿＿＿＿＿＿＿＿＿＿

请详细记录一个有关"幼儿儿歌"的语言教育活动。

活动名称：

活动目标：

活动准备：

活动过程：

活动延伸：

活动评价：

单元十一：幼儿童话活动

幼儿园：　　　　　　　　班级：　　　　　　　　日期：

幼儿童话选材	☐ 贴近幼儿心理的幻想 ☐ 拟人形象为童话的主体 ☐ 运用夸张、象征、神话、变形、怪诞等多种表现手法 ☐ 其他＿＿＿＿＿＿＿＿＿＿＿＿＿＿＿＿＿＿＿＿＿＿

请详细记录一个有关"幼儿童话活动"的语言教育活动。

活动名称：

活动目标：

活动准备：

活动过程：

活动延伸：

活动评价：

单元十二：幼儿诗活动

幼儿园：　　　　　　　班级：　　　　　　　　日期：

形式	☐ 故事诗 ☐ 科学诗 ☐ 其他＿＿＿＿＿＿＿＿＿＿＿＿＿＿＿＿＿＿	☐ 童话诗 ☐ 讽刺诗
幼儿诗选材	☐ 富于情趣的构思 ☐ 活泼、生动的形象 ☐ 其他＿＿＿＿＿＿＿＿＿＿＿＿＿＿＿＿＿	☐ 充满动感的形象 ☐ 明快的韵律、节奏，富于声响的美

请详细记录一个有关"幼儿诗"的语言教育活动。

活动名称：

活动目标：

活动准备：

活动过程：

活动延伸：

活动评价：

单元十三：幼儿寓言活动

幼儿园：   班级：   日期：

幼儿寓言选材	□ 具有教育性 □ 明确的譬喻性 □ 故事简短,语言精练 □ 其他＿＿＿＿＿＿＿＿

请详细记录一个有关"幼儿寓言活动"的语言教育活动。

活动名称：

活动目标：

活动准备：

活动过程：

活动延伸：

活动评价：

单元十四：幼儿谈话活动

幼儿园：　　　　　　　　班级：　　　　　　　　日期：

<table>
<tr>
<td rowspan="2">谈话活动的特点</td>
<td colspan="3">
☐ 有一个具体、有趣的中心话题
☐ 时间、形式相对固定
☐ 谈话活动具有多元的信息交流环境、条件
☐ 谈话活动具有宽松、自由的交流语境、气氛，不要求幼儿统一认识，允许幼儿发表自己的独特的经验和看法
☐ 不特别强调规范化语言，鼓励幼儿多交谈
☐ 谈话活动具有较丰富的感兴趣的谈话素材
☐ 谈话活动中教师往往起间接引导的作用
☐ 其他_____
_____
</td>
</tr>
</table>

谈话活动分类	形式分类	日常生活谈话	☐ 日常个别谈话　　　☐ 日常集体谈话 ☐ 其他_____
		集体谈话活动	☐ 共同生活经验谈话　　☐ 个人生活经验谈话 ☐ 其他_____
	内容分类		☐ 看图谈话　　　　　　☐ 参观、观察后的谈话 ☐ 活动后的谈话 ☐ 其他_____

<table>
<tr>
<td rowspan="2">谈话活动目标达成度</td>
<td>
被观察者姓名：　　　　　　性别：　　　　　　年龄：
☐ 有主动倾听别人谈话的愿望、态度和习惯
☐ 积极和同伴、老师及他人用普通话进行交谈，乐意说出自己的意见
☐ 能根据谈话主题陈述自己的意见或作出相应的反应
☐ 主动用适合自己角色的语言，自觉地运用听说轮换等基本的交谈规则、方式进行交谈
☐ 在群体中能有意识地听与自己有关的信息
☐ 能结合情境感受到不同语气、语调所表达的不同意思
☐ 在集体中能注意听老师或他人谈话
☐ 听不懂或有疑问时能主动提问
☐ 能结合情境理解一些表示因果、假设等相对复杂的句子
☐ 愿意在熟人面前说话，能大方地与人打招呼
☐ 愿意表达自己的需要和想法，必要时能配以手势动作
☐ 愿意与他人交谈，喜欢谈论自己感兴趣的话题
☐ 能基本完整地讲述自己的所见所闻和经历的事情
☐ 愿意与他人讨论问题，敢在众人面前说话
☐ 方言地区和少数民族幼儿能基本听懂普通话
</td>
</tr>
</table>

谈话活动目标达成度	□ 会说本民族或本地区的语言和普通话，发音正确清晰。少数民族聚居地区幼儿基本会说普通话，会用普通话进行日常会话 □ 与别人谈话时知道眼睛要看着对方 □ 说话自然，声音大小适中 □ 能在成人的提醒下使用恰当的礼貌用语 □ 别人对自己讲话时能回应 □ 能根据场合调节自己说话声音的大小 □ 能主动使用礼貌用语，不说脏话、粗话 □ 别人讲话时能积极主动地回应 □ 能根据谈话对象和需要，调整说话的语气 □ 懂得按次序轮流讲话，不随意打断别人 □ 能依据所处情境使用恰当的语言，如在别人难过时运用恰当的语言进行安慰 □ 其他_____
内容的选择	□ 内容与幼儿感兴趣的、熟悉的生活紧密相关 □ 与某些领域相互联系的、有一定的新鲜感和能运用创造性语言组织的话题 □ 以前交谈过的幼儿仍有极大兴趣的话题 □ 其他_____
谈话活动的设计步骤	步骤一：创设谈话情境，引出谈话话题 步骤二：幼儿围绕话题自由交谈 步骤三：教师引导幼儿逐步拓展谈话范围 步骤四：教师隐性示范新的谈话经验 请对教师的某一谈话活动设计的步骤进行评价：_____
谈话活动中教师的教学行为	□ 注意创设谈话情境的方式 □ 注意创设的情境与谈话话题之间的关系 □ 放手让幼儿围绕话题自由交谈 □ 鼓励每位幼儿积极参与谈话，真正形成双向或多向的交流 □ 在自由交谈的活动过程中，有适当的"动作" □ 适时适当参与谈话

谈话活动中教师的教学行为	□ 关注幼儿的谈话方式 □ 注意对幼儿进行即时的心理观察 □ 其他＿＿＿＿＿＿＿＿＿＿＿＿＿＿＿＿＿＿＿＿＿＿＿＿＿＿＿＿＿＿＿＿＿＿＿＿＿＿ ＿＿＿ ＿＿＿

请详细记录一个有关谈话的语言教学活动。

活动名称：

活动目标：

活动准备：

活动过程：

活动延伸：

活动评价：

单元十五：幼儿讲述活动

幼儿园：　　　　　　　　班级：　　　　　　　　日期：

讲述活动的特点	☐ 培养幼儿讲述能力 ☐ 锻炼幼儿独立语言能力 ☐ 帮助幼儿学习认识事物的方法 ☐ 发展幼儿思维和想象能力 ☐ 其他_____	
讲述活动的主要类型	从讲述活动内容来分类	☐ 叙事性讲述　　　　　　☐ 描述性讲述 ☐ 说明性讲述　　　　　　☐ 议论性讲述 ☐ 其他_____
	从凭借物的特点来分类	☐ 看图讲述　　　　　　　☐ 实物讲述 ☐ 情景表演讲述 ☐ 其他_____
幼儿讲述活动能力个案观察	被观察者姓名：　　　　　年龄：　　　　　性别： ☐ 幼儿具有感知理解讲述对象的能力 ☐ 幼儿具有独立构思与清楚完整地表达的意识、情感和能力 ☐ 幼儿敢于在集体场合自然大方地讲话 ☐ 幼儿能够使用正确的语言内容和形式进行讲述 ☐ 幼儿能够有中心、有顺序、有重点地讲述 ☐ 幼儿具有语言交流信息的调节技能	
活动设计	步骤一：感知理解讲述对象 ☐ 依据讲述活动的特点感知理解讲述对象 ☐ 依据凭借物的特点感知理解讲述对象 ☐ 依据具体活动要求的特点感知理解讲述对象 ☐ 其他_____ 步骤二：运用已有经验讲述 ☐ 幼儿集体讲述 ☐ 幼儿分小组讲述 ☐ 幼儿个别交流讲述 ☐ 其他_____ 步骤三：引进新的讲述活动 ☐ 教师示范新的讲述经验 ☐ 教师通过提示引进新的讲述经验 ☐ 教师与幼儿一起讨论新的讲述思路 ☐ 其他_____	

活动设计	步骤四：巩固和迁移新的讲述经验 ☐ 由 A 及 B ☐ 由 A 及 A ☐ 由 A 及 A1 ☐ 其他_____

请详细记录一个幼儿讲述活动。

活动名称：

活动目标：

活动准备：

活动过程：

活动延伸：

活动评价：

单元十六：看图讲述

幼儿园：　　　　　　　班级：　　　　　　　日期：

类型		☐ 描述性看图讲述　　　　☐ 创造性看图讲述 ☐ 排图讲述　　　　　　　☐ 拼图讲述 ☐ 绘图讲述　　　　　　　☐ 其他＿＿＿＿＿＿＿＿＿＿＿＿
看图讲述活动内容的选择	内容上的要求	☐ 对幼儿的情感、能力、知识、健康等方面具有教育意义 ☐ 主题符合时代要求，有利于幼儿的健康成长 ☐ 其他＿＿＿＿＿＿＿＿＿＿＿＿＿＿＿＿＿＿＿＿＿＿
	艺术上的要求	☐ 表现形式具有艺术性，图片中的角色形象鲜明，特征表现突出，背景简单，结构布局匀称，情节一目了然 ☐ 色彩鲜艳而协调 ☐ 篇幅大小合适 ☐ 其他＿＿＿＿＿＿＿＿＿＿＿＿＿＿＿＿＿＿＿＿＿
	年龄上的要求 — 小班	☐ 主题明确，线索单一，角色不太多 ☐ 画面大，画面中角色的动作、神态、表情明显，背景简单，色彩鲜艳，主要突出角色的颜色特征 ☐ 图片的篇幅少，一般为 1 - 2 幅 ☐ 其他＿＿＿＿＿＿＿＿＿＿＿＿＿＿＿＿＿＿＿
	年龄上的要求 — 中班	☐ 主题明确，线索较复杂 ☐ 前后图片之间有一定的联系，角色较小班略微增多，形象突出，有一定的动作和表情，能从图片中了解角色的心理活动 ☐ 篇幅较多，但不超过 4 幅 ☐ 其他＿＿＿＿＿＿＿＿＿＿＿＿＿＿＿＿＿＿
	年龄上的要求 — 大班	☐ 主题鲜明、生动，图片与图片之间有一定的衔接，画面内容能为幼儿提供想象的空间 ☐ 角色的心理活动能从画面上表现出来，幼儿能够通过图片了解事物之间的关系 ☐ 多幅图，不超过 6 幅 ☐ 其他＿＿＿＿＿＿＿＿＿＿＿＿＿＿＿＿＿＿＿

看图 活动 设计 的展 开	步骤一：感知理解讲述对象 方式：□ 一次性出示　　　　□ 逐幅出示　　　　□ 非顺序出示 　　　□ 不完整图片　　　　□ 添图　　　　　　□ 摆图 　　　□ 幼儿绘画作品讲述　　　　　　　　　□ 其他_____ 步骤二：幼儿运用已有的经验进行讲述 提示方式：□ 指图提示　　　□ 讲述前的提示　　□ 递词提示 　　　　　□ 其他_____ 步骤三：教师引进新的讲述经验 □ 教师要面向全班，具体指导 □ 指导幼儿说话要有根据 □ 帮助幼儿用词组句，训练幼儿连贯地说话 □ 根据表达的需要，教师帮助幼儿理解和运用新词 □ 其他_____ 步骤四：巩固和迁移新的讲述经验 □ 示范和总结 □ 看图讲述与多种教学形式和游戏相结合 □ 其他_____
讲述 活动 中教 师的 提问	□ 提问围绕主题，突出重点 □ 提问有顺序 □ 提问有启发性 □ 不同年龄班，提问的要求不同 □ 其他_____

请详细记录一个看图讲述的活动。

活动名称：

活动目标：

活动准备：

活动过程：

活动延伸：

活动评价：

单元十七：情景讲述

幼儿园：　　　　　　　　班级：　　　　　　　　日期：

准备	□ 选择动作性较强、便于表演的内容 □ 选择角色，组织排练 □ 准备道具，布置场景 □ 设计活动计划及提问 □ 其他＿＿＿＿＿＿＿＿＿＿＿＿＿＿＿＿＿＿＿＿
教师教学行为	□ 介绍角色、场景，引起幼儿兴趣 □ 组织幼儿观看表演，通过提问的方式帮助幼儿理解表演内容 □ 引导幼儿运用已有经验讲述表演活动 □ 通过提问、示范等方式让幼儿了解新的讲述思路 □ 指导幼儿根据要求巩固迁移新的讲述经验 其他＿＿＿＿＿＿＿＿＿＿＿＿＿＿＿＿＿＿＿＿

请详细记录一个关于情景讲述的活动。

活动名称：

活动目标：

活动准备：

活动过程：

活动延伸：

活动评价：

单元十八：生活经验讲述

幼儿园：　　　　　　班级：　　　　　　日期：

准备	☐ 教师在了解幼儿生活经验的基础上，为幼儿预设或生成话题 ☐ 教师应选择幼儿感兴趣的话题 ☐ 根据了解的情况预约个别幼儿发言 ☐ 其他＿＿＿＿＿＿＿＿＿＿＿＿＿＿＿＿＿＿＿＿
教师的教学行为	☐ 让幼儿感知理解讲述的题目及内容 ☐ 指导幼儿运用已有的经验，围绕题目自由讲述 ☐ 倾听每个幼儿的讲述，指导幼儿完整地、连贯地讲述 ☐ 引起幼儿的兴趣并为幼儿树立榜样，提高幼儿的表达能力 ☐ 在幼儿已有的生活经验上创造条件，让幼儿通过感知与接触来谈自己的体验 ☐ 其他＿＿＿＿＿＿＿＿＿＿＿＿＿＿＿＿＿＿＿＿

请详细记录一个关于生活经验讲述的活动。

活动名称：

活动目标：

活动准备：

活动过程：

活动延伸：

活动评价：

单元十九：早期阅读活动

幼儿园：　　　　　　　　　　班级：　　　　　　　　　　日期：
观察对象：　　　　　　　　　　年龄：　　　　　　　　　　性别：
注：部分内容可做个案观察

早期阅读活动的目标达成度	认知	☐ 能够通过封面认识不同的图书 ☐ 能够读出一些书的书名或作者的名字 ☐ 聆听故事时能将故事里的人或事同自己的生活经验联系起来 ☐ 能够理解阅读材料的主题 ☐ 能领会阅读材料的情节与简单寓意 ☐ 熟悉一些不同的文体，听完故事后，能够回答故事的有关问题 ☐ 能分辨书面语言和口语的不同表达方式 ☐ 能够发现简单句的句式表达错误 ☐ 其他＿＿＿＿＿＿＿＿＿＿＿＿＿＿＿＿＿＿＿＿＿＿
	技能	☐ 能一页一页地翻书，说出一本书的组成部分及其不同功能 ☐ 能有顺序地观察图书，逐一指认书本上的物体 ☐ 尝试"读出"熟悉的书面语言内容，能够辨认周围环境中的一些印刷文字 ☐ 能仔细观察到画面的细微变化，能描述出作品的主要内容，并对书中的角色做出评论 ☐ 能分辨常见图示、标记、符号代表的意思，并能在实际生活中运用 ☐ 能根据图文提示完成某项任务 ☐ 其他＿＿＿＿＿＿＿＿＿＿＿＿＿＿＿＿＿＿＿＿＿＿
	态度与情感	☐ 喜欢阅读图书，能专注地看图书，对图书中的文字符号感兴趣 ☐ 喜欢观察周围生活中的事物，对情境中的标识、文字感兴趣，并知道一定的意义 ☐ 喜欢用自己的方式关注常用词的声母或韵母 ☐ 愿意将听过的故事讲述出来 ☐ 能集中注意力看阅读材料 ☐ 乐意将涂涂写写当成一种有趣的活动 ☐ 注意倾听老师给全班幼儿念的故事 ☐ 喜欢阅读浅显的童话，向往童话中美好的情境 ☐ 能与同伴分享自己制作的阅读材料 ☐ 能运用阅读知识主动与同伴交往 ☐ 能用文字符号表现出自己所感知的生活经验、愿望 ☐ 能想象阅读材料中没有的情节、对话与内心活动 ☐ 其他＿＿＿＿＿＿＿＿＿＿＿＿＿＿＿＿＿＿＿＿＿＿

续　表

不同类型阅读活动的开展	阅读区阅读	☐ 提高幼儿的阅读水平 ☐ 选择合适的图书,为有计划的阅读活动做准备 ☐ 培养幼儿对图书的兴趣 ☐ 其他＿＿＿＿＿＿＿＿＿＿＿＿＿＿＿＿＿＿＿＿＿＿
	有计划的早期阅读活动	请描述一个有计划的早期阅读活动: ＿＿
	其他阅读活动	
阅读活动的内容来源	来源于幼儿周围世界的内容	☐ 游戏中阅读　　　　　　　☐ 生活中阅读 ☐ 环境中阅读 ☐ 其他＿＿＿
	来源于相关的阅读材料的内容	☐ 幼儿图画书阅读 ☐ 其他＿＿
早期阅读中幼儿的经验准备	前图书阅读经验	☐ 幼儿对丰富多彩的图书感兴趣,并乐意阅读 ☐ 幼儿乐意阅读生活中的材料,如报纸、菜单等 ☐ 其他＿＿＿＿＿＿＿＿＿＿＿＿＿＿＿＿＿＿＿＿＿＿
	前识字经验	☐ 知道文字有具体的意义,可以念出声来,可以把文字、口语与概念对应起来 ☐ 理解文字功能作用的经验 ☐ 粗晓文字来源的经验 ☐ 知道文字是一种符号 ☐ 知道文字和语言的多样性经验 ☐ 了解识字规律的经验 ☐ 其他＿＿

阅读活动的形式	□ 幼儿园阅读教育活动 □ 家庭阅读教育活动 □ 社会教育资源的阅读活动 □ 其他＿＿＿＿＿＿＿＿＿＿＿＿＿＿＿＿＿＿＿＿		
活动设计与组织	资源的利用	幼儿园内的资源	□ 班级有充足的阅读材料,包括图书、画报、报纸、杂志等 □ 班与班之间有可相互交流的阅读材料 □ 有幼儿自制阅读材料,包括幼儿自制图书、漫画、创编的故事、合作的班报以及其他自制的可供阅读的作品 □ 园级的阅览中心或专门的图书室 □ 其他＿＿＿＿＿＿＿＿＿＿＿＿＿＿＿＿
		家庭阅读资源	□ 家庭有充足的阅读材料,如图书、报纸、邮票等 □ 家庭与家庭之间有可相互交流的阅读材料 □ 利用电脑、电视等多媒体进行阅读 □ 其他＿＿＿＿＿＿＿＿＿＿＿＿＿＿＿＿＿＿ ＿＿＿＿＿＿＿＿＿＿＿＿＿＿＿＿＿＿＿＿＿＿
		社区阅读资源	□ 社区中的阅览室、橱窗有充足的阅读材料 □ 社区各单位团体中有可利用的阅读环境和阅读材料,如中小学的阅览室 □ 其他＿＿＿＿＿＿＿＿＿＿＿＿＿＿＿＿＿＿ ＿＿＿＿＿＿＿＿＿＿＿＿＿＿＿＿＿＿＿＿＿＿
	阅读材料选择	内容方面	□ 贴近幼儿生活 □ 符合幼儿兴趣 □ 对幼儿有启示作用 □ 属于优秀的文化 □ 涵盖认读教育、历史教育、文学教育、自然常识教育、道德伦理教育等 □ 其他＿＿＿＿＿＿＿＿＿＿＿＿＿＿＿＿＿＿
		种类方面	□ 动用多种感官的视听资料:磁带、幻灯片等 □ 来源于周围生活中的社会性资料:广告、符号、标志等 □ 便于操作的活动性材料:文字拼图、图文接龙卡等 □ 展示自我的幼儿自制资料:各类图书、自录录音带、标志、工具书、幼儿自己创编的故事等 □ 生动有趣的象形资料,如体现长颈鹿特征的"长形书"、教你怎样煎鸡蛋的"蛋形书"等 □ 起参考作用的工具资料,如各种图文并茂的动物知识图典、交通工具知识图典等 □ 亲子活动资料等 □ 其他＿＿＿＿＿＿＿＿＿＿＿＿＿＿＿＿＿＿
		形式方面	□ 材料的外观色彩丰富、形状各异 □ 材料的操作具有方便性 、灵活性、可变性

活动设计与组织	阅读材料选择	形式方面	☐ 刺激幼儿的多种感官,利于师生、生生、亲子共同活动等 ☐ 构图画面美观,便于幼儿观察、想象 ☐ 其他_____
		功能方面	☐ 能提供大量的运用阅读基本技能的机会 ☐ 能帮助幼儿理解阅读在现实生活中的价值 ☐ 对幼儿今后的发展有潜在的积极的影响 ☐ 其他_____ _____
早期阅读活动中教师的教学行为	幼儿园阅读活动的指导		☐ 因人施教——尊重差异,尽量满足不同幼儿的阅读需求 ☐ 激发兴趣——让每个孩子体验到阅读的快乐,对阅读产生浓厚的兴趣 ☐ 促进交流——使家长、教师和幼儿投入阅读活动的指导中 ☐ 鼓励应用——阅读材料与幼儿的生活紧密联系,鼓励幼儿将所学知识运用到生活中 ☐ 其他_____ _____
	对家庭亲子阅读活动的指导		☐ 直接指导 ☐ 间接指导 ☐ 个别指导 ☐ 其他_____ _____

请简要记录一个有关阅读活动的语言教学活动。

单元二十：语言教学游戏

幼儿园：　　　　　　　班级：　　　　　　　日期：

特点	☐ 有明确的语言教育任务　　　　☐ 有一定的游戏规则 ☐ 有一定的游戏结果 ☐ 其他＿＿＿＿＿＿＿＿＿＿＿＿＿＿＿＿＿＿＿＿＿＿
分类	☐ 语音游戏：☐ 听音、辨音游戏　　　☐ 练习发音的游戏 ☐ 词汇游戏　　　　　　　　　　☐ 句子游戏 ☐ 描述性游戏　　　　　　　　　☐ 故事表演游戏 ☐ 其他＿＿＿＿＿＿＿＿＿＿＿＿＿＿＿＿＿＿＿＿＿＿
教师教学行为	☐ 教师创设游戏情景 ☐ 教师向幼儿介绍游戏玩法和规则，并加以示范 ☐ 教师直接参加，引导幼儿融入游戏 ☐ 以幼儿为主体，及时发现问题并提供帮助 ☐ 有计划地观察幼儿的游戏行为和语言运用情况 ☐ 针对幼儿的个体游戏水平，因人施教 ☐ 组织幼儿评议、总结游戏，提升游戏水平 ☐ 为幼儿提供环境和材料，进行及时的指导和调控 ☐ 通过鼓励等方式让幼儿大胆想象和创编 ☐ 为幼儿创设语言环境，提高幼儿的语言运用能力 ☐ 其他＿＿＿＿＿＿＿＿＿＿＿＿＿＿＿＿＿＿＿＿

请具体描述一个语言教学游戏。

活动名称：

活动目标：

活动准备：

活动过程：

活动延伸：

活动评价：

单元二十一：幼儿日常交谈中的语言教育

幼儿园：　　　　　　　　　班级：　　　　　　　　　日期：

特点	☐ 语言的情境性　　　　　　☐ 时间的不确定性 ☐ 信息的多向性　　　　　　☐ 交谈氛围宽松自由 ☐ 其他＿＿＿＿＿＿＿＿＿＿＿＿＿＿＿＿＿＿＿＿＿＿＿＿＿
教师教学行为	☐ 把握随机性谈话的契机，利用每日生活中的自然交往情境对幼儿进行语言指导 ☐ 善于挖掘幼儿感兴趣的话题 ☐ 创造多项互动的情境，营造语言交谈的氛围 ☐ 在平等的基础上与幼儿进行交谈 ☐ 为幼儿提供有效的语言示范 ☐ 耐心倾听幼儿讲话，并及时给予鼓励和纠正 ☐ 努力提高孩子言语沟通的技能 ☐ 给幼儿尝试用语言解决问题的机会 ☐ 不随意打断幼儿之间的交谈 ☐ 不因为强调活动室的安静来阻挠幼儿交谈 ☐ 因材施教，个别指导，顺应和推动幼儿语言发展 ☐ 其他＿＿＿＿＿＿＿＿＿＿＿＿＿＿＿＿＿＿＿＿＿＿＿＿
个案分析	
反思与建议	

单元二十二：活动区角中的语言教育

幼儿园：　　　　　　　　班级：　　　　　　　　日期：

图书角中的语言教育	设计要求	□ 根据幼儿园的实际和班级的特点,体现风格的多样化 □ 根据年龄特点为幼儿提供不同的图书资料 □ 图书角位于光线充足和安静的地方,有屏风进行隔断 □ 图书角中有圆桌、坐垫、沙发、抱枕等,幼儿能在舒适的环境中阅读 □ 图书摆放整齐,有一些优秀的幼儿读物,包括绘本、童话、经典寓言故事等,以绘本为主 □ 图书的投放以幼儿为本,高度适合幼儿自由取放 □ 其他_____
	教师教学行为	□ 根据幼儿的年龄特点选择不同的阅读材料 □ 建立必要的阅读规则 □ 及时观察分析幼儿阅读情况,分析幼儿阅读行为 □ 教师要及时更换和介绍新图书　　□ 培养幼儿良好的阅读习惯 □ 引导幼儿表达和表现图书内容　　□ 开展有趣的图书角活动 □ 其他_____
视听角中的语言教育	设计要求	□ 用各种现代技术,为幼儿创设视听结合的环境 □ 设施设备的投放因地制宜 □ 其他_____
	教师教学行为	□ 选择和创编与幼儿的成长密切相关的视听材料 □ 为幼儿提供画面优美、轻松活泼的幼儿美术片、动画片 □ 选择主题鲜明、短小精悍的故事、诗歌、散文磁带 □ 选择欢快活泼、优美动听的音乐光盘和碟片 □ 使用生动有趣的、自然的或社会的多种声响 □ 使用教师、幼儿家长自制的视听材料 □ 教会幼儿操作视听设备的方法 □ 支持和引导幼儿主动积极地视听 □ 开展生动有趣的视听角活动 □ 其他_____
表演角中的语言教育	设计要求	□ 有固定式的表演角和小舞台 □ 有充足的表演材料,使幼儿可以自由地进行表演活动 □ 其他_____

表演 角中 的语 言教 育	教师 教学 行为	□ 提供丰富的材料,营造表演的氛围 □ 引导幼儿感受和理解作品,把握角色特点 □ 鼓励幼儿按自己的意愿表演,培养幼儿创造能力 □ 将活动与环境创设有机结合起来 □ 参与幼儿的表演活动,间接地引导幼儿 □ 开展丰富多彩的表演角活动 □ 其他＿＿＿＿＿＿＿＿＿＿＿＿＿＿＿＿＿＿＿＿
个案 分析		
反思 与 建议		

单元二十三：幼儿英语教育活动

幼儿园：　　　　　　班级：　　　　　　日期：

幼儿英语教育的内容	□ 有关"幼儿自身"的英语教育内容 □ 有关"幼儿园"的英语教育内容 □ 有关"家庭"的英语教育内容 □ 有关"社区"的英语教育内容 □ 有关"节日"的英语教育内容 □ 有关"季节"的英语教育内容 □ 其他＿＿＿＿＿＿＿＿＿＿＿＿＿＿＿	
教师教学行为	□ 培养幼儿学习英语的兴趣 □ 培养幼儿初步的英语口语交际的能力 □ 培养幼儿对英语语言的敏感性 □ 培养幼儿良好的学习习惯和各种基础技能 □ 遵循自然习得的原则 □ 依据沉默期的特点适时而教 □ 听说领先，以发展口语为主 □ 允许失误，鼓励开口，激发兴趣 □ 其他＿＿＿＿＿＿＿＿＿＿＿＿＿＿＿	
幼儿英语教育的组织实施	生活环节中英语教育的组织	□ 相对固定 □ 不断重复，多次强化 □ 句型简短，意思明确，易于理解 □ 指令性用语可适当地配合手势进行提示，便于掌握 □ 根据幼儿的实际情况，结合生活情景中的恰当时机进行随机教学 □ 其他＿＿＿＿＿＿＿＿＿＿
	英语教学活动的组织	□ 热身、复习，激发幼儿学习兴趣 □ 创设语境，教师展示新授内容 □ 模仿练习，帮助幼儿消化所学内容 □ 应用扩展，引导幼儿巩固发展已学知识 □ 其他＿＿＿＿＿＿＿＿＿＿
	游戏活动中英语教育的组织	□ 游戏围绕教学目标和教学内容来设计 □ 能调动各种手段，帮助幼儿掌握重点内容，寓教于乐 □ 创设良好的游戏情景和氛围，突出游戏的趣味性和自主性 □ 增加幼儿倾听英语和用英语口语表达的次数，使幼儿在玩耍中得到练习和巩固 □ 对不同年龄阶段的幼儿要注意选用不同的游戏 □ 其他＿＿＿＿＿＿＿＿＿＿

幼儿英语教育的组织实施	其他领域活动中英语教育的组织	☐ 教师可以从组织语言切入,将一些基本的教学组织语言相对地固定,经常反复地使用 ☐ 领域活动中的常规表达用英语或尽可能多地用英语教学 ☐ 对于一些专业用语则不断重复,并配合动作、表情等体态语帮助幼儿理解,使语言障碍降到最低点 ☐ 安排适当的英语儿歌、游戏等其他幼儿喜欢的形式来辅助领域教学 ☐ 为保证活动的顺利开展,教师可以交替使用中英文,适当地用母语教授新内容 ☐ 其他_____

请详细记录一个有关"幼儿英语教育"的语言教育活动。

活动名称:

活动目标:

活动准备:

活动过程:

活动延伸:

活动评价:

单元二十四：幼儿英语教育活动目标达成度个案观察

幼儿园：　　　　　　　　　　班级：　　　　　　　　　　日期：

小 班	被观察者姓名：　　　　　性别：　　　　年龄：　　　　日期： □ 对英语歌曲、英语儿歌感兴趣，并愿意模仿 □ 愿意参加幼儿园的英语活动 □ 能听懂教师用英语发出的与日常生活有关的最简单的指令，并能够用动作做出反应 □ 能听懂并愿意模仿身边最常见物品的英语表达 □ 愿意了解以英语为母语的幼儿的生活习惯和生活用语，见到外国人能大胆地用所学到的英语问候 □ 其他＿＿＿＿＿＿＿＿＿＿＿＿＿＿＿＿＿＿＿＿＿＿＿＿＿＿＿＿＿
中 班	被观察者姓名：　　　　　性别：　　　　年龄：　　　　日期： □ 能完成两个连续的英语指令，并试图模仿他人用英语发出简单的指令 □ 能听懂教师经常使用的简单的生活用语或教学用语 □ 愿意并能够用英语表达身边最常见的物品 □ 愿意并能够用简单英语单词配以动作、表情和手势等体态语言与他人进行简单的口语交流 □ 能主动用英语向他人问好 □ 其他＿＿＿＿＿＿＿＿＿＿＿＿＿＿＿＿＿＿＿＿＿＿＿＿＿＿＿＿＿
大 班	被观察者姓名：　　　　　性别：　　　　年龄：　　　　日期： □ 能完成多个连续的简单英语指令 □ 知道在什么时候用英语回答问题 □ 能听懂并愿意模仿教师经常使用的生活用语和教学用语 □ 能用简单的英语介绍自己、介绍身边的人 □ 能用简单的英语表达自己的感受 □ 能借助图片用简单的英语较连贯和完整地复述一个简短的故事 □ 愿意并能够用简单的英语与他人进行口语对话 □ 其他＿＿＿＿＿＿＿＿＿＿＿＿＿＿＿＿＿＿＿＿＿＿＿＿＿＿＿＿＿
个 案 观 察	
反 思 与 建 议	

学前儿童社会教育篇

致 读 者

亲爱的读者：

您好！

良好的社会性发展对幼儿身心健康和其他各方面的发展都具有重要影响。幼儿社会领域的学习与发展过程是其社会性不断完善并奠定健全人格基础的过程。人际交往和社会适应是幼儿社会学习的主要内容，也是其社会性发展的基本途径。幼儿在与成人和同伴交往的过程中，不仅学习如何与人友好相处，也在学习如何看待自己、对待他人，不断发展适应社会生活的能力。幼儿从一个自然人向一个社会人转变，其社会性的发展是一个综合的、长期的过程，会受到多方面、多种因素的影响，对儿童进行社会性教育的途径也是多方面的。

本篇立足于幼儿教育实践，吸收国内外学前儿童社会教育研究者的最新研究成果，力求体现科学性、时代性和实践性的特点，突出实用性、操作性的要求，力图让学生比较全面地了解幼儿社会性发展以及教育现状，懂得如何在实践中设计、组织与指导各种社会教育活动。在编写的过程中，从文字表述到编排形式上，体现简明易懂、深入浅出、突出重点等特点。本篇个案观察较多，需要学生在教育见习、实习过程中对幼儿进行系统、深入，甚至是较为长期的观察研究，需要付出更大的努力，同时注意研究的伦理问题，不要泄露幼儿园孩子的个人信息。

本篇共有16个单元，覆盖的知识点较为广泛，主要有以下内容：学前儿童社会教育目标和内容、学前儿童社会教育指导原则和方法、学前儿童社会教育的途径、幼儿自我意识的发展与教育、幼儿自我评价的发展、幼儿自我控制能力的发展、幼儿情绪的发展与教育、幼儿规则意识的发展与教育、幼儿归属感的发展与教育、幼儿的社会认知发展与教育、幼儿的亲社会行为与教育、幼儿的问题行为干预及矫正等。本篇的编写主要参考了张明红编著的《学前儿童社会教育与活动指导》等多部教材，在此表示感谢。

主编

单元一：学前儿童社会教育目标和内容

幼儿园：　　　　　　　　班级：　　　　　　　　日期：

目标制定	□ 符合幼儿身心发展水平　　　　□ 处在最近发展区 □ 符合幼儿的兴趣　　　　　　　□ 符合幼儿的年龄特点 □ 促进幼儿个性化成长　　　　　□ 促进幼儿社会化发展 □ 符合社会对幼儿成长的要求　　□ 其他＿＿＿＿＿＿＿＿＿＿＿＿
内容的选择	1. 自我意识 　□ 帮助幼儿正确地认识和评价自己，树立自信 　□ 帮助幼儿理解和适当表达自己的情绪，控制自己的行为 　□ 发展幼儿的独立自主性和责任意识 　□ 其他＿＿＿＿＿＿＿＿＿＿＿＿＿＿＿＿＿＿＿＿＿＿＿＿＿＿ 2. 人际交往 　□ 乐意与人交往 　□ 懂得与人交往的基本礼仪和原则 　□ 习得与人相处的基本技能，如礼貌、协商、分享、合作、等待、请求等 　□ 其他＿＿＿＿＿＿＿＿＿＿＿＿＿＿＿＿＿＿＿＿＿＿＿＿＿＿ 3. 社会规范 　□ 生活规范　　　　　　　□ 学习习惯 　□ 集体规则　　　　　　　□ 品行遵守 　□ 其他＿＿＿＿＿＿＿＿＿＿＿＿＿＿＿＿＿＿＿＿＿＿＿＿＿＿ 4. 其他＿＿＿＿＿＿＿＿＿＿＿＿＿＿＿＿＿＿＿＿＿＿＿＿＿＿＿＿
个案观察	
反思与建议	

单元二：学前儿童社会教育指导原则和方法

幼儿园：　　　　　　　　班级：　　　　　　　　日期：

指导原则	目标性原则	☐ 符合教育目标 ☐ 目标要具体化 ☐ 其他_____
	活动性原则	☐ 为幼儿创设活动的空间 ☐ 给幼儿自主活动的机会和时间 ☐ 注重幼儿活动动机的激发，提高活动水平 ☐ 其他_____
	实践性原则	☐ 帮助并教给幼儿具体的行为方式 ☐ 组织幼儿参与多种实践活动 ☐ 鼓励幼儿自主解决问题 ☐ 教师要以身作则 ☐ 其他_____
	渗透性原则	☐ 不同领域内容的渗透 ☐ 不同学习方式的渗透 ☐ 注重整体全面的学习 ☐ 其他_____
	强化性原则	☐ 采用明确具体的强化方式 ☐ 强化应激发幼儿的内在动机 ☐ 及时开展强化 ☐ 其他_____
	一致性原则	☐ 教师态度和行为一致 ☐ 教师与家长及其他成人教育一致 ☐ 其他_____
活动方法	讲解法	☐ 讲解实用 ☐ 讲解直观形象 ☐ 讲解方式多样 ☐ 其他_____
	谈话法	☐ 以核心内容为谈话主题 ☐ 谈话内容是幼儿熟悉的 ☐ 谈话能调动全班幼儿的积极性

活 动 方 法	谈话法	☐ 提出问题后留给幼儿充足的思考时间 ☐ 教师用准确的语言进行总结 ☐ 其他_____
	讨论法	☐ 选择适合的讨论主题 ☐ 适合幼儿的理解水平 ☐ 引导幼儿讨论,不做过多判断 ☐ 教师用准确的语言进行总结 ☐ 其他_____
	观察演示法	☐ 根据教育内容,有针对性地运用观察和演示 ☐ 观察和演示前准备工作充分 ☐ 教具运用得当,吸引幼儿的注意力 ☐ 其他_____
	参观法	☐ 参观前的准备工作充分 ☐ 参观时有重点地进行解说 ☐ 参观后有针对参观内容的延伸活动 ☐ 其他_____
	行为练习法	☐ 组织严密,有明确的行为练习目标和要求 ☐ 充分调动幼儿的主动性和积极性 ☐ 练习内容符合幼儿接受水平,循序渐进开展练习 ☐ 其他_____
	强化评价法	☐ 及时强化 ☐ 强化适当 ☐ 以表扬、奖励为主 ☐ 其他_____
教 学 行 为		☐ 调动幼儿活动的主动参与性 ☐ 关注幼儿可能出错的行为,并能加以正确引导 ☐ 能通过提问方式引发幼儿深入思考 ☐ 其他_____ _____
个案观察		
反思与建议		

单元三：学前儿童社会教育的途径

幼儿园：　　　　　　　　班级：　　　　　　　　日期：

专门教育	综合教育活动	☐ 明确的活动主题 ☐ 合适的教育方式 ☐ 其他＿＿＿＿＿＿＿＿＿＿＿
	游戏	☐ 角色游戏 ☐ 表演游戏 ☐ 其他＿＿＿＿＿＿＿＿＿＿＿
	区域活动	☐ 充足的活动材料 ☐ 符合幼儿的年龄特点和兴趣 ☐ 有利于幼儿学习 ☐ 其他＿＿＿＿＿＿＿＿＿＿＿
随机教育	日常生活中的随机教育	☐ 一日生活常规中注重培养幼儿的良好行为 ☐ 在自由活动中进行随机引导 ☐ 针对偶发事件进行随机教育 ☐ 其他＿＿＿＿＿＿＿＿＿＿＿
	其他领域活动中的随机教育	☐ 有效地将社会教育渗透于其他领域中 ☐ 挖掘其他领域活动中社会教育的契机 ☐ 其他＿＿＿＿＿＿＿＿＿＿＿
教学行为		☐ 针对社会教育内容采用合适的教育方法 ☐ 多种途径实施幼儿社会教育 ☐ 注重幼儿社会教育的融合与渗透 ☐ 把握重要的幼儿社会教育契机 ☐ 其他＿＿＿＿＿＿＿＿＿＿＿
个案观察		
反思与建议		

单元四：学前儿童社会教育活动评价

幼儿园：　　　　　　　　班级：　　　　　　　　日期：

<table>
<tr>
<td rowspan="4">基本原则</td>
<td colspan="3">
1. 针对性原则
□ 评价要针对具体活动内容
□ 评价注重幼儿发展
□ 其他_____
2. 全面性原则
□ 评价涉及整个活动内容
□ 评价要关注教师和幼儿双方表现
□ 其他_____
3. 过程性原则
□ 关注活动过程中的教师行为
□ 关注活动过程中的幼儿表现
□ 其他_____
4. 其他_____
</td>
</tr>
<tr>
<td rowspan="5">评价内容</td>
<td>活动目标</td>
<td colspan="2">
□ 活动目标明确，具体　　　　□ 活动目标具有可操作性
□ 其他_____
</td>
</tr>
<tr>
<td>活动内容</td>
<td colspan="2">
□ 内容符合幼儿发展水平　　　□ 内容符合幼儿的兴趣
□ 内容选择考虑本班幼儿实际问题　□ 其他_____
</td>
</tr>
<tr>
<td>活动准备</td>
<td colspan="2">
□ 活动材料准备充分
□ 知识准备充分
□ 幼儿有相关的经验准备
□ 其他_____
</td>
</tr>
<tr>
<td>活动过程</td>
<td colspan="2">
□ 关注全体幼儿的发展
□ 幼儿处于活动的主体地位
□ 幼儿积极参与活动中
□ 教师尊重幼儿的兴趣和意愿
□ 关注个别幼儿的差异
□ 互动方式灵活多样
□ 其他_____
</td>
</tr>
<tr>
<td>活动效果</td>
<td colspan="2">
□ 幼儿知识方面有增长
□ 幼儿能力方面有提升
□ 幼儿情感方面有发展
□ 其他_____
</td>
</tr>
</table>

教学行为	☐ 具备正确的评价观：评价为发展服务 ☐ 关注幼儿的发展评价 ☐ 注重过程性评价 ☐ 正确运用评价结果 ☐ 其他_____

请详细记录一个您所在幼儿园的社会教育活动。

活动名称：

活动目标：

活动准备：

活动过程：

活动延伸：

活动评价：

单元五：幼儿自我意识的发展与教育

幼儿园：　　　　　　　　班级：　　　　　　　　　　日期：

观察对象：　　　　　　　年龄：　　　　　　　　　　性别：

注：部分内容可做个案观察

您所观察到的幼儿自我意识发展的状态	1. 自我认识 □ 对自己的身体、外貌等外在特征的认识：＿＿＿＿＿＿＿＿ ＿＿＿＿＿＿＿＿＿＿＿＿＿＿＿＿＿＿＿＿＿＿＿＿＿＿ □ 对自己在群体中受欢迎度的认识：＿＿＿＿＿＿＿＿＿＿ ＿＿＿＿＿＿＿＿＿＿＿＿＿＿＿＿＿＿＿＿＿＿＿＿＿＿ □ 对自己的爱好、兴趣、气质等特点的认识：＿＿＿＿＿＿ ＿＿＿＿＿＿＿＿＿＿＿＿＿＿＿＿＿＿＿＿＿＿＿＿＿＿ □ 其他＿＿＿＿＿＿＿＿＿＿＿＿＿＿＿＿＿＿＿＿＿＿＿ 2. 自我情感体验 □ 自我感受：＿＿＿＿＿＿＿＿＿＿＿＿＿＿＿＿＿＿＿＿ □ 自尊感：＿＿＿＿＿＿＿＿＿＿＿＿＿＿＿＿＿＿＿＿＿ □ 自信心：＿＿＿＿＿＿＿＿＿＿＿＿＿＿＿＿＿＿＿＿＿ □ 羞耻感：＿＿＿＿＿＿＿＿＿＿＿＿＿＿＿＿＿＿＿＿＿ □ 自卑感：＿＿＿＿＿＿＿＿＿＿＿＿＿＿＿＿＿＿＿＿＿ □ 内疚感：＿＿＿＿＿＿＿＿＿＿＿＿＿＿＿＿＿＿＿＿＿ □ 自我欣赏：＿＿＿＿＿＿＿＿＿＿＿＿＿＿＿＿＿＿＿＿ □ 其他＿＿＿＿＿＿＿＿＿＿＿＿＿＿＿＿＿＿＿＿＿＿＿ 3. 自我控制 □ 自我监督：＿＿＿＿＿＿＿＿＿＿＿＿＿＿＿＿＿＿＿＿ □ 自我情绪、行为的控制：＿＿＿＿＿＿＿＿＿＿＿＿＿＿ □ 自我的教育：＿＿＿＿＿＿＿＿＿＿＿＿＿＿＿＿＿＿＿ □ 其他＿＿＿＿＿＿＿＿＿＿＿＿＿＿＿＿＿＿＿＿＿＿＿ 4. 其他＿＿＿＿＿＿＿＿＿＿＿＿＿＿＿＿＿＿＿＿＿＿＿＿ ＿＿＿＿＿＿＿＿＿＿＿＿＿＿＿＿＿＿＿＿＿＿＿＿＿＿＿＿ ＿＿＿＿＿＿＿＿＿＿＿＿＿＿＿＿＿＿＿＿＿＿＿＿＿＿＿＿
教学行为	□ 关注幼儿的感受，保护其自尊心和自信心 □ 鼓励幼儿自主决定，独立做事 □ 帮助幼儿正确处理自己的情绪和行为 □ 其他＿＿＿＿＿＿＿＿＿＿＿＿＿＿＿＿＿＿＿＿＿＿＿＿＿ ＿＿＿＿＿＿＿＿＿＿＿＿＿＿＿＿＿＿＿＿＿＿＿＿＿＿＿＿

个案观察	
反思与建议	

单元六：幼儿自我评价的发展

幼儿园：　　　　　　　　班级：　　　　　　　　日期：

发展趋势	☐ 从轻信他人的评价到自己独立的评价 ☐ 从带有极大主观情绪性的自我评价到比较客观的自我评价 ☐ 从笼统不分化的自我评价到比较具体细致的自我评价 ☐ 从对外部的行为的评价到对内心品质的自我评价 ☐ 从局部的自我评价到比较全面的自我评价 ☐ 其他_____
描述您所观察的班级幼儿自我评价能力的发展的总体水平	
教学行为	☐ 引导幼儿积极地自我评价 ☐ 指导幼儿学会正确地评价自我 ☐ 其他_____ _____
个案观察	
反思与建议	

单元七：幼儿自我控制能力的发展

幼儿园： 班级： 日期：
观察对象： 年龄： 性别：
注：部分内容可做个案观察

您所观察到的幼儿自控能力的发展	自制力	☐ 很好 ☐ 一般 ☐ 很差	☐ 比较好 ☐ 较差 ☐ 其他_____
	自觉性	☐ 很好 ☐ 一般 ☐ 很差	☐ 比较好 ☐ 较差 ☐ 其他_____
	坚持性	☐ 很好 ☐ 一般 ☐ 很差	☐ 比较好 ☐ 较差 ☐ 其他_____
	自我延迟满足	☐ 很好 ☐ 一般 ☐ 很差	☐ 比较好 ☐ 较差 ☐ 其他_____
教学行为	☐ 帮助幼儿理解和掌握行为规则 ☐ 发展幼儿的独立性 ☐ 积极组织适当的游戏活动 ☐ 加强对个别幼儿的指导 ☐ 其他_____		

请通过观察与交谈获得某个幼儿自我控制能力发展的信息，并对其进行分析。

单元八：幼儿情绪的发展与教育

幼儿园：　　　　　　　　班级：　　　　　　　　日期：

观察对象：　　　　　　　年龄：　　　　　　　　性别：

注：部分内容可做个案观察

情绪的发展	幼儿情绪识别和理解能力	能识别并理解不同的情绪 □ 高兴 □ 愤怒 □ 羞愧 □ 其他_____	□ 难过 □ 恐惧 □ 失望	
	幼儿的情绪表达能力	能适当地表达情绪 □ 高兴 □ 愤怒 □ 羞愧 □ 其他_____	□ 难过 □ 恐惧 □ 失望	
	幼儿情绪调节能力	能适当地对情绪进行调节 □ 转移注意力 □ 逃避情境	□ 利用游戏调节情绪 □ 其他_____	
教学行为	□ 营造轻松愉快的氛围 □ 帮助幼儿认识不同的情绪体验 □ 引导幼儿理解他人的情绪变化 □ 教会幼儿处理情绪的具体方法 □ 其他_____			
个案观察				
反思与建议				

单元九：幼儿规则意识的发展与教育

幼儿园：　　　　　　　　　班级：　　　　　　　　　日期：
观察对象：　　　　　　　　年龄：　　　　　　　　　性别：
注：部分内容可做个案观察

规则意识的发展	3－4岁	☐ 在提醒下，能遵守游戏和公共场所的规则 ☐ 知道不经允许不能拿别人的东西，借别人的东西要归还 ☐ 在成人提醒下，爱护玩具和其他物品 ☐ 其他_____
	4－5岁	☐ 感受规则的意义，并能基本遵守规则 ☐ 不私自拿不属于自己的东西 ☐ 知道说谎是不对的 ☐ 知道接受了的任务要努力完成 ☐ 在提醒下，能节约粮食、水电等 ☐ 其他_____
	5－6岁	☐ 理解规则的意义，能与同伴协商制定游戏和活动规则 ☐ 爱惜物品，用别人的东西时知道爱护 ☐ 做了错事敢于承认，不说谎 ☐ 能认真负责地完成自己所接受的任务 ☐ 爱护身边的环境，注意节约资源 ☐ 其他_____
描述您所观察的班级幼儿规则意识发展的总体水平		
教学行为		☐ 以榜样示范，在潜移默化中培养幼儿的规则意识 ☐ 通过制定规则，让幼儿自觉地养成规则行为 ☐ 通过图标暗示，帮助幼儿理解和遵守规则 ☐ 通过体验后果，让幼儿增强规则意识，强化规则行为 ☐ 其他_____

续　表

个案 观察	
反思 与 建议	

单元十：幼儿归属感的发展与教育

幼儿园：　　　　　　　　　班级：　　　　　　　　　日期：
观察对象：　　　　　　　　年龄：　　　　　　　　　性别：
注：部分内容可做个案观察

归属感的发展	3－4岁	□ 对家人有较强的依恋 □ 在陌生环境或面对陌生人容易产生焦虑和抗拒 □ 分离焦虑 □ 对教师产生依恋情感，寻求注意、帮助、赞许 □ 其他＿＿＿＿＿＿＿＿＿＿＿＿＿＿＿
	4－5岁	□ 喜欢幼儿园和班级 □ 喜欢参加集体活动 □ 关心同伴和教师 □ 关注是否获得荣誉 □ 在意老师和其他同伴对自己的看法和态度 □ 其他＿＿＿＿＿＿＿＿＿＿＿＿＿＿＿
	5－6岁	□ 对集体有归属感 □ 有初步的国家和祖国的认同感 □ 集体荣誉感更加强烈 □ 在意自己是否被同伴和老师肯定和接纳 □ 知道与祖国有关的风俗习惯和民族文化 □ 其他＿＿＿＿＿＿＿＿＿＿＿＿＿＿＿
教学行为		□ 鼓励幼儿积极参加集体活动，培养集体荣誉感 □ 鼓励交往和互动，让幼儿尽快融入集体 □ 通过日常的活动，激发幼儿的集体荣誉感 □ 通过专门性活动和渗透性活动萌发幼儿爱家乡、爱祖国的情感 □ 其他＿＿＿＿＿＿＿＿＿＿＿＿＿＿
个案·观察		
反思与建议		

单元十一：幼儿的社会认知发展与教育

幼儿园：　　　　　　　班级：　　　　　　　日期：

社会认知的内容	1. 人际关系的认知 　□ 幼儿对父母长辈的关系有初步认知 　□ 幼儿对同伴关系有正确的认知 　□ 幼儿对师生关系有正确的认知 　□ 其他＿＿＿＿＿＿＿＿＿＿＿＿＿＿＿＿＿＿ 2. 社会环境的认知 　□ 对家庭有正确的认知 　□ 对托儿所、幼儿园有正确的认知 　□ 对社会机构有正确的认知 　□ 对家乡、国家、民族有正确的认知 　□ 其他＿＿＿＿＿＿＿＿＿＿＿＿＿＿＿＿＿＿ 3. 社会角色的认知 　□ 了解不同社会角色的权利 　□ 了解不同社会角色的义务 　□ 了解不同社会角色的行为规范 　□ 其他＿＿＿＿＿＿＿＿＿＿＿＿＿＿＿＿＿＿ 4. 社会规范的认知 　□ 了解并遵守基本的道德行为规范 　□ 了解并遵守文明礼貌行为规范 　□ 了解并遵守公共场所行为规范 　□ 了解并遵守群体活动规范 　□ 了解并遵守人际交往规范 　□ 其他＿＿＿＿＿＿＿＿＿＿＿＿＿＿＿＿＿＿ 5. 其他＿＿＿＿＿＿＿＿＿＿＿＿＿＿＿＿＿＿
教学行为	□ 发挥幼儿在社会化过程中的主动性和主体性 □ 鼓励幼儿积极参与到与周围环境、材料的互动中 □ 将游戏和体验作为社会环境和社会规范认知生成的途径 □ 引导幼儿正确认知社会环境和社会规范 □ 其他＿＿＿＿＿＿＿＿＿＿＿＿＿＿＿＿＿＿
个案观察	
反思与建议	

单元十二：幼儿社会性行为特征

幼儿园：　　　　　　　　　　班级：　　　　　　　　　　日期：
观察对象：　　　　　　　　　年龄：　　　　　　　　　　性别：

注：部分内容可做个案观察

社会性行为特征	受欢迎型幼儿	☐ 积极快乐的性情 ☐ 有许多双向交往 ☐ 愿意与人分享 ☐ 被看作好领导 ☐ 其他_____	☐ 外表吸引人 ☐ 合作游戏水平高 ☐ 能坚持交往 ☐ 不具有攻击性
	被拒绝型幼儿	☐ 多破坏行为 ☐ 说话过多 ☐ 合作游戏少，不愿分享 ☐ 常有不适当的行为 ☐ 其他_____	☐ 极度活跃 ☐ 反复试图与其他幼儿接近 ☐ 喜欢单独活动
	被忽视型幼儿	☐ 容易害羞 ☐ 很少攻击，对他人的攻击常表现出退缩 ☐ 反社会行为少 ☐ 不敢自我表现 ☐ 单独活动较多 ☐ 其他_____	
教学行为		☐ 重视幼儿人际交往的问题 ☐ 注重幼儿人际交往的技巧培养 ☐ 帮助幼儿克服胆小和羞怯心理 ☐ 培养幼儿的自信心 ☐ 其他_____	☐ 教会幼儿正确的交往原则 ☐ 认真培养幼儿的语言表达能力 ☐ 教幼儿学会分享 ☐ 培养幼儿欣赏他人的能力
个案观察			
反思与建议			

单元十三：幼儿的亲社会行为与教育

幼儿园：   班级：   日期：

您所观察到的幼儿亲社会行为的类型	□ 合作 □ 谦让 □ 诚实 □ 其他_____	□ 分享 □ 同情 □ 合理竞争	□ 助人 □ 关心

请记录一个您所在幼儿园关于幼儿的亲社会行为所进行的活动。

活动名称：

活动目标：

活动准备：

活动过程：

活动延伸：

活动评价：

单元十四：幼儿人际交往的发展与教育

幼儿园：   班级：   日期：
观察对象 1：   年龄：   性别：
观察对象 2：   年龄：   性别：
观察对象 3：   年龄：   性别：
注：部分内容可做个案观察，可根据实际实习情况观察 1-3 名幼儿。

愿意与人交往	3-4 岁	□ 愿意与小朋友一起游戏 □ 喜欢和熟悉的成人一起活动 □ 其他_____ _____
	4-5 岁	□ 喜欢和小朋友做游戏，有比较固定的玩伴 □ 喜欢和熟悉的人一起活动，愿意和成人交谈倾诉 □ 其他_____
	5-6 岁	□ 有自己的好朋友，乐意结交新朋友 □ 有问题时愿意向他人请教 □ 有高兴和快乐的事愿意和他人分享 □ 其他_____ _____
能与他人友好相处	3-4 岁	□ 能友好地提出请求，加入同伴的游戏 □ 能听从成人的指导，遵守相应规则，如不破坏玩具、不独占物品等 □ 能听从成人的调解，解决冲突 □ 其他_____ _____
	4-5 岁	□ 会用自己的方法，如交换、轮流等加入游戏或解决冲突 □ 活动时愿意接受同伴的建议和意见 □ 不欺负他人 □ 其他_____ _____
	5-6 岁	□ 能想办法和别人一起游戏 □ 能够与同伴合作、分享

能与他人友好相处	5-6岁	☐ 发生冲突能自己协调解决 ☐ 知道别人和自己的想法会有不同,并能自主表达 ☐ 不欺负别人,也不允许自己被欺负 ☐ 其他_____
关心尊重他人	3-4岁	☐ 在他人提醒下能不打扰别人 ☐ 能对别人生病和难过的事情表示同情 ☐ 其他_____
	4-5岁	☐ 能礼貌地向他人表达自己的想法和要求 ☐ 能注意到他人的情绪,并有关心、同情等相应情感表现 ☐ 其他_____
	5-6岁	☐ 能礼貌地与人交往 ☐ 能关注别人的情绪和需要,并能给予帮助 ☐ 尊重他人的想法和行为,珍惜他人的劳动成果 ☐ 尊重和接纳与自己行为和想法不一样的人 ☐ 其他_____
教学行为		☐ 主动关心和亲近幼儿 ☐ 为幼儿创设良好的交往机会和条件 ☐ 指导幼儿学习和运用基本的交往规则 ☐ 教师以身作则,尊重和关心他人 ☐ 引导幼儿换位思考,理解他人,尊重差异 ☐ 其他_____

请记录您所在的幼儿园关于人际交往所进行的活动。

活动名称:

活动目标:

活动准备:

活动过程:

活动延伸:

活动评价:

单元十五：幼儿的问题行为干预及矫正

幼儿园：　　　　　　　　　　班级：　　　　　　　　　　日期：
观察对象：　　　　　　　　　年龄：　　　　　　　　　　性别：
注：部分内容可做个案观察

	发育过程中的问题行为	☐ 吮吸手指 ☐ 咬指甲 ☐ 依赖性 ☐ 退缩 ☐ 乱发脾气 ☐ 其他_____
幼儿问题行为	心理性问题行为	1. 由矛盾心理原因引起的神经性行为 　☐ 强迫行为　　　　　　☐ 歇斯底里行为 　☐ 神经性厌食　　　　　☐ 其他_____ 2. 由不良情绪引发的问题行为 　☐ 神经质　　　　　　　☐ 多疑 　☐ 过分依赖　　　　　　☐ 敌对情绪 　☐ 其他_____ 3. 性格方面的问题行为 　☐ 性格偏执　　　　　　☐ 粗暴 　☐ 胆怯　　　　　　　　☐ 退缩 　☐ 其他_____ 4. 学习方面的问题行为 　☐ 拒绝上幼儿园　　　　☐ 难以集中注意力 　☐ 多动　　　　　　　　☐ 其他_____
	品德性行为	☐ 撒谎　　　　　　　　　☐ 说脏话 ☐ 偷窃　　　　　　　　　☐ 不遵守规则 ☐ 攻击性行为　　　　　　☐ 其他_____
常见问题行为	自闭症	☐ 自伤　　　　　　　　　☐ 语言交流障碍 ☐ 重复刻板行为　　　　　☐ 攻击 ☐ 智力异常　　　　　　　☐ 感觉异常 ☐ 多动　　　　　　　　　☐ 注意力分散 ☐ 发脾气 ☐ 社会交流障碍，缺乏安全依恋 ☐ 其他_____

续　表

常见问题行为	自闭症	个案分析：
	多动症	☐ 注意力集中困难 ☐ 活动过多 ☐ 冲动任性、情绪易激动 ☐ 学习困难 ☐ 精细及协调动作困难 ☐ 其他＿＿＿＿＿＿＿＿＿＿＿＿＿＿＿＿＿＿
		个案分析：
幼儿问题行为干预技术	强化法	☐ 明确强化行为 ☐ 选择恰当强化物 ☐ 协助幼儿明确强化物和行为之间的关系 ☐ 避免强化法误用 ☐ 其他＿＿＿＿＿＿＿＿＿＿＿＿＿＿＿＿＿＿
	惩罚法	☐ 成人意见一致，贯彻执行 ☐ 正确选择惩罚方式 ☐ 避免可能诱发问题行为的情境 ☐ 避免惩罚误用 ☐ 正确认识惩罚法的价值 ☐ 其他＿＿＿＿＿＿＿＿＿＿＿＿＿＿＿＿＿＿
	模仿法	☐ 选择恰当的楷模 ☐ 综合运用多种模仿方法 ☐ 模仿要循序渐进 ☐ 为幼儿创设一致的教育环境 ☐ 其他＿＿＿＿＿＿＿＿＿＿＿＿＿＿＿＿＿＿
	系统脱敏法	☐ 了解幼儿恐惧、敏感的原因 ☐ 了解幼儿产生情绪的程度 ☐ 脱敏治疗 ☐ 注意脱敏治疗的循序渐进 ☐ 其他＿＿＿＿＿＿＿＿＿＿＿＿＿＿＿＿＿＿

幼儿问题行为干预技术	代币法	□ 确定目标行为 □ 选择代币 □ 确定逆向强化物 □ 制定代币交换系统 □ 严格执行 □ 逐步消除代币系统 □ 其他_____
教师教育行为		□ 关心爱护每一位幼儿 □ 教师密切关注特殊幼儿的行为 □ 采取恰当的方法对幼儿行为进行干预 □ 及时与家长进行沟通,密切配合 □ 其他_____
个案观察		
反思与建议		

单元十六：幼儿攻击性行为

幼儿园：　　　　　　　　班级：　　　　　　　　日期：
观察对象：　　　　　　　年龄：　　　　　　　　性别：
注：部分内容可做个案观察

幼儿攻击性行为的表现	1. 无意性攻击 □ 没有冲突，偶然发生的身体伤害 □ 无意中言语上的伤害 □ 其他＿＿＿＿＿＿＿＿＿＿＿＿＿ 2. 工具性攻击 □ 抢夺物品 □ 抢占游戏空间 □ 获得权利或机会 □ 其他＿＿＿＿＿＿＿＿＿＿＿＿＿ 3. 敌意性攻击 □ 有意地伤害别人的身体 □ 伤害别人的感情 □ 其他＿＿＿＿＿＿＿＿＿＿＿＿＿
教师行为	□ 关注有攻击行为的幼儿 □ 及时干预幼儿的攻击行为 □ 帮助幼儿掌握解决冲突的策略 □ 引导幼儿运用合理的宣泄方法 □ 及时表扬和奖励幼儿的亲社会行为 □ 其他＿＿＿＿＿＿＿＿＿＿＿＿＿

个案观察	
反思与建议	

七

学前儿童科学教育篇

致 读 者

亲爱的读者：

您好！

"儿童，是一个国家最珍贵的财富；教师，是一个国家的文化和价值的最重要、最可信赖的传递者；学校，在那儿，儿童的学习欲望、创造欲望、发现欲望、以及对未来生活的美好愿望，都应该得到促进、强化和发展。"①幼儿科学学习的核心是激发探究兴趣，体验探究过程，发展初步的探究能力。成人要善于发现和保护幼儿的好奇心，充分利用自然和实际生活机会，引导幼儿通过观察、比较、操作、实验等方法，学习如何发现问题、分析问题和解决问题；帮助幼儿不断积累经验，并运用于新的学习活动，形成受益终身的学习态度和能力。幼儿的思维特点是以具体形象思维为主，应注重引导幼儿通过直接感知、亲身体验和实际操作进行科学学习，不应为追求知识和技能的掌握，对幼儿进行灌输和强化训练。

本篇立足于幼儿教育实践，吸收国内外学前儿童科学教育研究者的最新研究成果，力求体现科学性、时代性和实践性的特点，突出实用性、操作性的要求，力图让学生比较全面地了解学前儿童科学教育现状，懂得如何在实践中设计、组织与指导各种科学探究活动。

本篇共有22个单元，覆盖的知识点较为广泛，主要有以下内容：学前儿童科学教育的内容选择与编排、学前儿童科学教育内容的范围与设置、探究式科学教育活动、学前儿童科学教育的方法、学前儿童科学教育资源、学前儿童科学教育评价等。本篇的编写主要参考了王冬兰主编的《学前儿童科学教育》、刘占兰著的《学前儿童科学教育》等多部教材，在此表示感谢。

主编

---

① ［美］兰本达，P·E·布莱克伍德，P·E·布兰德温. 小学科学教育的"探究—研讨"教学法［M］. 陈德彰等译. 北京：人民教育出版社，2008：3.

单元一：学前儿童科学教育的内容选择与编排

幼儿园：　　　　　　　　班级：　　　　　　　　日期：

内容选择	关注幼儿生活	☐ 选择幼儿感兴趣的科学活动材料 ☐ 选择贴近幼儿生活的内容 ☐ 选取对幼儿的终身学习和发展有较高价值的内容 ☐ 注重科学内容的生成性 ☐ 反映生活的整体性，强调科学内容的整合 ☐ 其他＿＿＿＿＿＿＿＿＿＿＿＿＿＿＿＿＿
	关注学科的基本结构	☐ 所选内容符合基本的科学原理 ☐ 选择的内容丰富多样 ☐ 所选的内容符合科学领域基本的知识结构，具有代表性 ☐ 选择的各部分内容的比例协调 ☐ 其他＿＿＿＿＿＿＿＿＿＿＿＿＿＿＿＿＿
	关注社会的时代特征	☐ 介绍生活中的先进科学技术产品 ☐ 有选择地介绍科技的发展过程 ☐ 介绍人类生活与科技的关系 ☐ 其他＿＿＿＿＿＿＿＿＿＿＿＿＿＿＿＿＿
内容编排		☐ 以季节为主线编排幼儿科学教育内容 ☐ 采用单元式编排幼儿科学教育内容 ☐ 以五大领域为依据编排幼儿科学教育内容 ☐ 其他＿＿＿＿＿＿＿＿＿＿＿＿＿＿＿＿＿
个案观察		
反思与建议		

单元二：幼儿园科学教育内容的范围与设置

幼儿园：　　　　　　　　　　班级：　　　　　　　　　　日期：

注：请标注您所观察到的科学教育内容

生态环境与人们的生活	动植物与环境的关系	☐ 常见动物的生活特征　　☐ 常见植物的生活特征 ☐ 探索动物的多样性　　☐ 探索植物的多样性 ☐ 探索动物与环境的关系　　☐ 探索植物与环境的关系 ☐ 其他＿＿＿＿＿＿＿＿＿＿＿＿＿＿＿＿＿＿＿＿＿
	无生命物质与动植物、人的关系	☐ 探究沙、石、土的特征及其作用 ☐ 探究水的物理性质及生态意义 ☐ 探究空气的物理性质及生态意义 ☐ 丰富太阳、月亮和星星的直观经验 ☐ 了解人与自然环境的关系 ☐ 其他＿＿＿＿＿＿＿＿＿＿＿＿＿＿＿＿＿＿＿＿＿
自然科学现象	气候和季节现象	☐ 观察与感受风 ☐ 观察不同天气的云 ☐ 记录与观察不同的天气现象 ☐ 初步探究不同的天气现象 ☐ 认识四个季节的特征与变化 ☐ 其他＿＿＿＿＿＿＿＿＿＿＿＿＿＿＿＿＿＿＿＿＿
	物理现象	☐ 力与运动　　☐ 光和颜色 ☐ 热和温度　　☐ 热和温度 ☐ 声音　　☐ 电 ☐ 磁　　☐ 其他＿＿＿＿＿＿＿＿＿＿＿＿＿
科技对生活的影响		☐ 初步学习各类家电的使用方法 ☐ 探知各类交通工具及其对生活的意义 ☐ 初步了解几种农业科技产品 ☐ 初步了解几类食品加工过程 ☐ 简要了解几类科技产品的发展过程 ☐ 体会科技提升对人们生活的影响 ☐ 进行简单的科技小制作 ☐ 熟悉科学家的故事 ☐ 其他＿＿＿＿＿＿＿＿＿＿＿＿＿＿＿＿＿＿＿＿＿

人体及自我保护	身体功能及保护	□ 身体的各部分结构及主要功能 □ 如何保护自己的身体 □ 如何护理自己的身体 □ 体验内部器官的活动与功能 □ 其他＿＿＿＿＿＿＿＿＿＿＿＿＿＿＿＿＿＿＿
	心理健康教育	□ 感受、体验自己的情绪 □ 观察并理解同伴的情绪表现 □ 学习积极表达自己的情绪 □ 其他＿＿＿＿＿＿＿＿＿＿＿＿＿＿＿＿＿＿＿
	个体生命的成长过程	□ 初步了解自己的出生 □ 初步了解自己的生长过程 □ 初步了解自己的生长条件 □ 观察人的出生、成长及衰老过程,并了解这是每个人都必须经历的过程 □ 了解生命是珍贵的,需要珍惜与保护 □ 其他＿＿＿＿＿＿＿＿＿＿＿＿＿＿＿＿＿＿＿
个案观察		
反思与建议		

单元三：探究式科学教育活动

幼儿园：　　　　　　　　　　班级：　　　　　　　　　　日期：

探究式科学活动的步骤及教学行为	确定探究主题	☐ 以幼儿感兴趣的问题为基础 ☐ 选择符合幼儿年龄特点与经验水平的问题 ☐ 选择的主题是某一领域的关键经验 ☐ 其他＿＿＿＿＿＿＿＿＿＿＿＿＿＿＿＿
	推测与讨论	☐ 积极调动幼儿原有经验进行猜想与假设 ☐ 能够适时恰当地指导幼儿大胆想象 ☐ 鼓励幼儿进行讨论 ☐ 不评判幼儿对错，教师是幼儿的倾听者与引导者 ☐ 运用启发式的方式，激发幼儿探究的欲望 ☐ 鼓励幼儿运用恰当的方法记录自己或小组的观点 ☐ 其他＿＿＿＿＿＿＿＿＿＿＿＿＿＿＿＿
	实验与观测	☐ 能够创造相应的物质条件 ☐ 鼓励幼儿按自己的想法进行探究 ☐ 鼓励幼儿尝试用多种方式解决问题 ☐ 幼儿在遇到困难时能够尝试别人的方法 ☐ 幼儿能够尝试运用多种感官去认识客观世界 ☐ 低年龄段幼儿，实验的变量单一且容易观测 ☐ 教师时刻关注幼儿的探究过程，了解幼儿的需要与发展水平 ☐ 教师不轻易干涉幼儿的探究活动 ☐ 在幼儿遇到挫折时，教师会给予必要的鼓励和支持 ☐ 注意引导幼儿记录重要的信息 ☐ 必要时教师能够通过提问与建议等方式引导幼儿进行深入探究 ☐ 注意帮助幼儿理清他的思维过程 ☐ 其他＿＿＿＿＿＿＿＿＿＿＿＿＿＿＿＿
	记录、处理信息和数据	☐ 能够依据活动内容选择适宜的记录形式 ☐ 能够依据幼儿年龄特点相应选择概括程度不同的记录方式 ☐ 能够对幼儿所做记录进行正确指导 ☐ 引导幼儿将开始的猜想记录与结果记录进行对比 ☐ 鼓励幼儿互相交流做记录 ☐ 帮助幼儿把握记录的时机 ☐ 其他＿＿＿＿＿＿＿＿＿＿＿＿＿＿＿＿

探究式科学活动的步骤及教学行为	表达和交流	□ 善于引导幼儿依据探究结果与探究记录，得出结论 □ 鼓励幼儿表达自己的探究结论 □ 鼓励幼儿用科学的语言，完整表达探究过程 □ 注意引导幼儿比较自己与他人探究的异同 □ 鼓励幼儿能够以事实为依据进行交流 □ 要注意综合幼儿的观点，用相对准确和幼儿能够理解的语言描述结论 □ 其他_____

请详细记录一次探究式科学教育活动。

活动名称：

活动目标：

活动准备：

活动过程：

活动建议：

单元四：观察与记录

幼儿园： 班级： 日期：

观察	类型	☐ 个别物体和现象的观察　　☐ 比较性观察 ☐ 长期系统性观察　　　　　☐ 间或性观察 ☐ 室内观察与室外观察　　　☐ 其他_____
	教师教学行为	☐ 指导幼儿观察对象的显著特征以激发幼儿观察兴趣 ☐ 指导幼儿运用感官感知事物特征 ☐ 引导幼儿全面系统有序地观察 ☐ 引导幼儿通过对观察对象的操作实践，把观察和操作相结合，从而全面地观察事物、了解观察对象的变化 ☐ 鼓励幼儿用语言表达观察中的发现 ☐ 指导幼儿学习用各种方法记录观察结果 ☐ 其他_____
记录	种类	☐ 专门组织的科学活动中的记录　☐ 日常生活中的观察记录 ☐ 随时随地观察记录 ☐ 其他_____
	形式	☐ 动作体现　　　　☐ 语言表达 ☐ 符号记录　　　　☐ 艺术体现 ☐ 间接补充　　　　☐ 其他_____
	教师教学行为	☐ 记录时有明确的目的，并指导幼儿进行有意义的记录 ☐ 随时随地培养幼儿的记录意识、记录习惯与记录能力 ☐ 观察记录与幼儿的观察、探索活动同步进行 ☐ 其他_____

请详细记录一个有关观察与记录的科学小活动。

活动名称：

活动目标：

活动准备：

活动过程：

活动评价：

单元五：学前儿童科学实验

幼儿园：　　　　　　　　班级：　　　　　　　　日期：

幼儿园常见的科学小实验	☐ 种子发芽实验 ☐ 植物生长需要水、空气、阳光的实验 ☐ 小动物生长需要空气的实验 ☐ 空气到处都有的实验 ☐ 磁铁吸铁实验 ☐ 太阳发热的实验 ☐ 电的功能的实验 ☐ 地球引力实验	☐ 植物茎输送水的实验 ☐ 各种物体产生不同声音的实验 ☐ 水的三态变化的实验 ☐ 物体沉浮实验 ☐ 阳光与颜色关系的实验 ☐ 力的平衡的实验 ☐ 影子的实验 ☐ 其他＿＿＿＿＿＿＿＿＿＿
科学实验活动中教师的教学行为	☐ 提供充足、多样的实验材料 ☐ 给予幼儿充足的时间 ☐ 让幼儿反复操作，在实验中探索、发现、判断、解决问题 ☐ 积极引导幼儿主动参与活动 ☐ 鼓励幼儿大胆尝试，激发其探究欲望 ☐ 引导幼儿观察实验材料在实验中的变化，观察并记录实验过程和结果 ☐ 对幼儿实验操作进行适当指导 ☐ 指导幼儿正确使用工具和材料，学习操作技能和注意安全事项 ☐ 组织幼儿就实验现象和结果开展讨论、交流，引导幼儿分析实验现象，解释实验结果 ☐ 其他＿＿＿＿＿＿＿＿＿＿＿＿＿＿＿＿＿＿＿＿＿＿＿	

请详细记录一个科学小实验活动。

活动名称：

活动目标：

活动准备：

活动过程：

活动评价：

单元六：分类

幼儿园：　　　　　　　班级：　　　　　　　日期：

类型	☐ 挑选分类 ☐ 二元分类 ☐ 多元分类 ☐ 其他＿＿＿＿＿＿＿＿＿＿＿＿＿＿＿＿＿＿＿＿
教师教学行为	☐ 给幼儿充分的感性材料，使幼儿能在活动中细致观察 ☐ 能够将物品的属性与分类进行分析比较 ☐ 帮助幼儿明确分类标准或自己能够确定分类标准 ☐ 让幼儿对物品进行充分的摆弄与尝试 ☐ 关注幼儿的个别差异，有针对性地进行指导 ☐ 教师组织幼儿交流分类的结果，强化幼儿对分类的认识 ☐ 重视家园合作，促进分类能力的发展 ☐ 其他＿＿＿＿＿＿＿＿＿＿＿＿＿＿＿＿＿＿＿＿

请详细记录一个有关分类的科学小活动。

活动名称：

活动目标：

活动准备：

活动过程：

活动评价：

单元七：测量

幼儿园：　　　　　　　　班级：　　　　　　　　日期：

类型	☐ 观察测量 ☐ 非正式量具的测量 ☐ 正式量具的测量 ☐ 其他＿＿＿＿＿＿＿＿＿＿＿＿＿＿＿＿＿
指导要点	☐ 培养幼儿测量意识 ☐ 引导幼儿学习运用非正式量具进行测量 ☐ 引导幼儿使用正式量具进行测量，量具要精确 ☐ 引导幼儿认识使用相等单位测量的必要性 ☐ 注意选择适宜幼儿发展水平的测量方法 ☐ 引导幼儿运用多种方法记录测量结果 ☐ 引导幼儿交流测量的结果与过程 ☐ 其他＿＿＿＿＿＿＿＿＿＿＿＿＿＿＿＿＿

请详细记录一个有关测量的科学小活动。

活动名称：

活动目标：

活动准备：

活动过程：

活动评价：

单元八：科学游戏

幼儿园：　　　　　　班级：　　　　　　日期：

类型	□ 情景性游戏　　　　　　　　□ 运动性游戏 □ 竞赛游戏　　　　　　　　□ 智力游戏 操作性游戏：□ 分类游戏　　　　□ 排序游戏 感知性游戏：□ 视觉游戏　□ 听觉游戏　□ 嗅觉游戏　□ 触觉游戏 □ 其他＿＿＿＿＿＿＿＿＿＿＿＿＿＿＿＿＿＿＿＿＿＿＿＿
科学游戏设计	□ 游戏有一定的教育功能 □ 游戏能激发孩子的兴趣，有一定的趣味性 □ 游戏具有一定的规则 □ 不同类型的游戏能够突出各自的独特功能 □ 游戏设计完整、清晰，具有综合性、系统性 □ 推进家园互动，开展亲子的科学游戏活动 □ 其他＿＿＿＿＿＿＿＿＿＿＿＿＿＿＿＿＿＿＿＿＿＿＿
教师教学行为	□ 调动幼儿参与游戏的热情 □ 帮助幼儿理解游戏的规则 □ 关注游戏进展过程中幼儿的反应程度 □ 做好游戏结束后的适宜评价 □ 其他＿＿＿＿＿＿＿＿＿＿＿＿＿＿＿＿＿＿＿＿＿＿＿

请详细记录一个科学游戏活动。

活动名称：

活动目标：

活动准备：

活动过程：

活动评价：

单元九：科学信息交流

幼儿园：　　　　　　　　班级：　　　　　　　　日期：

类型	语言方式	□ 描述　　　　　　　　　　　　　□ 讨论 □ 其他＿＿＿＿＿＿＿＿＿＿＿＿＿＿＿＿＿	
	非语言方式	□ 记录　　　　　　　　　　　　　□ 手势 □ 动作　　　　　　　　　　　　　□ 表情 □ 其他＿＿＿＿＿＿＿＿＿＿＿＿＿＿＿＿＿	
教师的教学行为	语言方式指导	□ 给予幼儿描述和讨论的机会 □ 鼓励幼儿用语言表达信息 □ 指导幼儿用简单明确的语言表达、描述其科学发现 □ 培养幼儿正确运用词语，正确的发音和良好的口语表达能力 □ 其他＿＿＿＿＿＿＿＿＿＿＿＿＿＿＿＿＿	
	图像记录方式指导	□ 先给幼儿提供大量感性经验 □ 引导幼儿用多种方式记录探究的过程、发现以及感受和体验，如：表格、数字、符号、图形、曲线的形式等 □ 引导幼儿在其图像记录上作简短的文字说明 □ 其他＿＿＿＿＿＿＿＿＿＿＿＿＿＿＿＿＿	

请详细记录一个科学信息交流的活动。

活动名称：

活动目标：

活动准备：

活动过程：

活动评价：

单元十：科技小制作

幼儿园：　　　　　　　班级：　　　　　　　日期：

活动类型	□ 使用科技产品的活动 □ 使用工具的活动 □ 科技小制作活动 □ 其他＿＿＿＿＿＿＿＿＿＿＿＿＿＿＿＿＿
指导要点	□ 提供充足的制作材料 □ 引导幼儿明确科技制作的目标 □ 引导幼儿掌握基本的科技制作的方法 □ 引导幼儿了解科技制作的评价标准 □ 为幼儿留有自主探索制作的空间 □ 推进家园互动，开展亲子的科学小制作活动 □ 选择适宜的方法，如直接示范法、流程图法、探索尝试法等 □ 其他＿＿＿＿＿＿＿＿＿＿＿＿＿＿＿＿＿

请详细记录一个有关科学小制作的活动。

活动名称：

活动目标：

活动准备：

活动过程：

活动评价：

单元十一：早期科学阅读

幼儿园：　　　　　　　　　　　　　　　　　　　　　日期：

早期科学阅读类型	☐ 科学诗　　　　　　　　　☐ 科学童话 ☐ 科学故事　　　　　　　　☐ 谜语 ☐ 科普画册　　　　　　　　☐ 视频 ☐ 其他＿＿＿＿＿＿＿＿＿＿＿＿＿＿＿＿＿＿＿＿＿＿＿
早期科学阅读的选择	☐ 选择的内容能够满足幼儿园科学教育的需要 ☐ 选择的内容符合幼儿的年龄特点 ☐ 对不同年龄阶段的内容选择具有层次性 ☐ 注意图书的纸张、画面形象、颜色、印刷质量等细节 ☐ 其他＿＿＿＿＿＿＿＿＿＿＿＿＿＿＿＿＿＿＿＿＿＿＿
早期科学阅读中教师教学行为	☐ 自由阅读与小组阅读、师生阅读相结合 ☐ 教师鼓励幼儿进行科学阅读，为幼儿的科学阅读创造良好的心理环境 ☐ 教师为幼儿创造独立安静的科学阅读区或在传统阅读区中设置科学阅读专题 ☐ 教师结合主题活动的需要，安排幼儿进行早期科学阅读 ☐ 教师能够有意识地引导幼儿开展科学阅读分享 ☐ 在师生阅读的过程中，教师善于运用启发式问题激发幼儿探究的欲望 ☐ 在师生阅读的过程中，教师能够结合阅读的重点、难点，进行有必要的指导 ☐ 在师生阅读的过程中，教师能够带领幼儿体验书中所折射出的情感 ☐ 注重家园合作，重视社区及家庭中早期科学阅读的开展状况 ☐ 其他＿＿＿＿＿＿＿＿＿＿＿＿＿＿＿＿＿＿＿＿＿＿＿

请详细记录一个早期科学阅读活动。

活动名称：

活动目标：

活动准备：

活动过程：

活动评价：

单元十二：种植与饲养

幼儿园：　　　　　　　　　班级：　　　　　　　　　日期：

植物的栽培	☐ 水养植物　　　　　　　　　　　☐ 盆栽植物 ☐ 无土栽培植物　　　　　　　　　☐ 温室植物 请描述您所在的幼儿园班级栽培了哪些植物＿＿＿＿＿＿＿＿＿＿
动物的饲养	☐ 家禽，如鸡、鸭、鹅等　　　　　　☐ 家畜，如小兔、豚鼠、猫等 ☐ 鸟，如画眉、鹦鹉、鸽子等　　　　☐ 昆虫，如蝈蝈、蚕、知了等 ☐ 水生动物，如鱼、龟、虾等 请描述您所在的幼儿园班级饲养了哪些动物＿＿＿＿＿＿＿＿＿＿
教师的指导行为	☐ 选择易生长、易照顾、生长周期相对较短的植物 ☐ 选择比较温顺、易饲养、安全性较高的动物 ☐ 选择的动植物类型多样 ☐ 选择种植与饲养对象时充分考虑幼儿及家长的建议 ☐ 种植与饲养具体空间的规划由幼儿及教师共同完成 ☐ 指导幼儿观察动植物的主要特征及生长过程等 ☐ 指导幼儿学习种植与饲养的方法 ☐ 善于把握教育时机，鼓励幼儿发现问题，主动探究，寻找答案 ☐ 指导幼儿用适当的方法记录动植物的生长过程 ☐ 定期做好动植物种植与饲养的成果展示，组织幼儿交流经验 ☐ 培养幼儿热爱自然、保护自然、探索自然奥秘的热情 ☐ 其他＿＿＿＿＿＿＿＿＿＿＿＿＿＿＿＿＿＿

请详细记录一个有关种植与饲养的科学小活动。

活动名称：

活动目标：

活动准备：

活动过程：

活动评价：

单元十三：幼儿科学教育资源

幼儿园：　　　　　　　　　班级：　　　　　　　　　日期：

资源种类	自然资源	户外环境	☐ 乔木　　　　☐ 灌木丛　　　　☐ 各类花草 ☐ 各类昆虫　　☐ 土壤　　　　　☐ 沙地 ☐ 水池　　　　☐ 草地　　　　　☐ 游戏场 ☐ 肥料堆　　　☐ 户外种植园地　☐ 户外饲养园地 ☐ 其他_____
		生物养育箱	☐ 选择大、干净且盖子上带孔的容器，或购买专门的生物养育箱 ☐ 创造适宜小动物生存的环境，如放入砂砾、鹅卵石、炭粒等 ☐ 注意盖子上有足够的孔保持箱内的空气流动 ☐ 注意防止箱内的小动物爬出 ☐ 注意配备必要的维护工具，如挖洞的小铲子、洒水瓶等 ☐ 其他_____
		自然角	☐ 种植适宜室内生长的植物 ☐ 饲养易于照顾的动物 ☐ 设置在活动室的一隅或走廊中，便与幼儿观察 ☐ 自然角的内容需随着活动主题与四季的更替，有计划地进行更换 ☐ 注意保证自然角丰富多样的同时，防止数量泛滥，分散幼儿注意力 ☐ 其他_____
	材料资源	科学探究资源	☐ 物质的位置和运动材料，如小汽车、球、滑轮等 ☐ 有关探究光、热、电、磁等能量的材料，如三棱镜、磁铁等 ☐ 反映浮力、重力、弹力等各种自然力的材料，如斜坡、球等 ☐ 探究颜色变化的材料，如水彩、颜料、彩色铅笔等 ☐ 探究天气变化的材料，如温度计等 ☐ 其他_____
		科技制作活动资源	☐ 木工活动材料如木板、锤子、木胶等 ☐ 编织活动材料如各色毛线、剪刀等 ☐ 各种建构活动材料如纸版、木片、螺钉等 ☐ 各种制作活动材料如制作风车、降落伞等用具 ☐ 其他_____
		科学工具	☐ 测量工具如卷尺、直尺、钟表、天平等 ☐ 观察工具如放大镜、显微镜、望远镜、听诊器等 ☐ 体验技术发明与工具使用意义的用具如漏斗、筛子、面条机、果汁机等 ☐ 其他_____

续　表

资源种类	社会资源	人力资源	□ 当地的年长者　　　　　　　　　□ 某一学科的专业人员 □ 医务工作者　　　　　　　　　　□ 技术人员 □ 新闻编辑、图书馆工作人员和出版界人士 □ 社会服务工作者　　　　　　　□ 其他＿＿＿＿＿＿＿＿＿＿
		物力资源	□ 当地的农产品、矿产品及工业产品等 □ 当地的各种设施，如活动中心、博物馆等 □ 家庭为幼儿园提供的物质支持 □ 其他＿＿＿＿＿＿＿＿＿＿
		财力资源	□ 家长的资助 □ 辖区单位的赞助 □ 各类商家的赞助 □ 其他＿＿＿＿＿＿＿＿＿＿
		信息资源	□ 图书资料 □ 互联网资源 □ 其他＿＿＿＿＿＿＿＿＿＿
个案观察			
反思与建议			

单元十四：集体科学活动的设计与指导

幼儿园：　　　　　　班级：　　　　　　日期：

教师活动的设计	☐ 制定合理的活动目标 ☐ 确定恰当的活动内容 ☐ 准备适宜的活动材料 ☐ 对活动过程进行合理的规划 ☐ 其他_____
教师教学行为	☐ 观察分析幼儿的行为，并采取相应的指导策略 ☐ 适当参与幼儿的活动，并给予有效的帮助 ☐ 恰当的发问与回应，保证幼儿的活动机会 ☐ 运用合理的评价手段 ☐ 集体、小组和个别指导相结合 ☐ 其他_____
集体教学活动的问题	☐ 教育活动目标空洞、含糊，过于抽象、概括，缺乏可操作性 ☐ 不重视教学活动内容的选择和编排 ☐ 不注意研究活动内容与活动目标的内在联系 ☐ 教学方法与手段过于单一，注重教师的控制作用 ☐ 活动材料不能满足幼儿在活动中的操作需要 ☐ 其他_____
活动中提问存在的问题	☐ 在一个活动中，提问数量较多，但提问质量较低 ☐ 问题缺乏系统性、科学性，过于随意，不能适应幼儿的发展水平 ☐ 开放式问题少，答案封闭唯一 ☐ 问题的难易与幼儿的认知水平不相适应，脱离活动主题 ☐ 问题缺乏启发性和教育价值 ☐ 对幼儿的想法不予理会，并打断幼儿的回答 ☐ 剥夺幼儿思考的机会，忽视幼儿的生活体验和童趣体验 ☐ 对幼儿的评价过于单一，缺乏具体的指导 ☐ 应答中伴随指责、批评的语气，伤害幼儿的积极性、创造性 ☐ 其他_____

请记录一个集体科学教学活动并分析其优缺点。

活动名称：

活动目标：

活动准备：

活动过程：

活动评价：

单元十五：区角活动中的科学教育

幼儿园：　　　　　　　班级：　　　　　　　日期：

科学区角的创设	区角创设的原则和依据	□ 安全性原则 □ 因时制宜 □ 因地制宜 □ 组织形式多样化原则 □ 以幼儿的兴趣为中心 □ 适合幼儿发展水平 □ 与其他教育途径有机结合 □ 其他＿＿＿＿＿＿＿＿＿＿＿	
	区角材料的提供和管理	材料的种类	□ 安全保护材料 □ 科学探索材料 □ 活动操作材料 □ 工具材料 □ 其他＿＿＿＿＿＿＿＿＿＿
		材料的选择	□ 安全性 □ 能引起幼儿兴趣 □ 因地制宜 □ 材料本身与材料之间有关联性 □ 其他＿＿＿＿＿＿＿＿＿＿
		材料的存放与管理	□ 工具类放在能随时取用的地方 □ 体积较小不常用的放在不显眼的地方 □ 精确测量器材和能自行生长的物品存放在干燥、避光的地方 □ 其他＿＿＿＿＿＿＿＿＿＿
		材料的呈现	□ 目的性 □ 层次性 □ 材料的数量充足和密度合理 □ 材料的灵活性 □ 其他＿＿＿＿＿＿＿＿＿＿
	区角心理环境的创设	□ 尊重幼儿对活动的自主选择权 □ 给幼儿犯错误的机会 □ 尊重幼儿的个体差异 □ 了解幼儿行为活动背后的原因 □ 其他＿＿＿＿＿＿＿＿＿＿	

续　表

科学区角的创设	科学区角活动的指导策略	□ 提供适宜的材料 □ 提出具有挑战性的问题与任务 □ 适宜的介入和引导 □ 丰富相应的生活经验 □ 注意区角间教育价值的整合 □ 其他_____
个案观察		
反思与建议		

单元十六：科学发现室

幼儿园：　　　　　　　　　　　　　　　　　　　　　　　　日期：

科学发现室布置	□ 科学发现室的设置有明确目的 □ 科学发现室能够体现幼儿"发现的过程"，其中多为未成型的材料和实验，且配有相应操作方法的图表对幼儿进行指导 □ 活动室内确保安全 □ 其他_____
科学发现室的材料投放	□ 考虑到材料的属性并依据需要，选择对相同属性材料统一保管或将不同属性的材料搭配投放 □ 考虑幼儿的年龄发展特点和认知水平 □ 考虑材料投放的密度和层次性 □ 其他_____
科学发现室的管理	1. 对物的管理 　□ 材料的摆放体现一定的教育目的 　□ 特殊材料的保存满足相应的条件，如精密仪器需防潮、避光等 　□ 材料具有发展性，随季节、时段等作出相应变化 　□ 其他_____ 2. 对人员的管理 　□ 科学发现室有专人管理 　□ 科学发现室有相应的人员管理制度 　□ 教师或幼儿都能够遵循管理制度，保证人员安全与教育价值的最大化 　□ 其他_____
运用绘图描述各区域的主要设置	

管理 制度	1. 对物的管理制度 2. 对人员的管理制度
个案 观察	
反思 与 建议	

单元十七：有关科学活动的墙饰创设

幼儿园：　　　　　　　　班级：　　　　　　　　日期：

科学活动的主题墙饰	□ 墙饰主题以科学领域的关键经验为主 □ 墙饰内容与科学活动相互呼应 □ 墙饰内容随着活动的开始与发展，作出相应变化 □ 墙饰的表征形式生动形象 □ 墙饰的表征符合不同发展水平幼儿的特点与需求 □ 空间上以主墙面为主，兼有小墙面的配合 □ 墙饰主题具有内在逻辑联系，形成一个渐进系列 □ 墙饰体现幼儿学习的过程和结果 □ 幼儿可在内容与要求的范围内自主选择项目 □ 在教育活动告一段落后，教师能够带领幼儿将墙饰上的内容按照逻辑序列装订成册，投放 　　到相应科学发现角、自然角或阅读角，供幼儿阅读 □ 其他＿＿＿＿＿＿＿＿＿＿＿＿＿＿＿＿＿＿＿＿＿＿＿＿＿＿＿＿＿＿＿
科学活动区的背景墙饰	□ 与区域活动的阶段性目标相适宜 □ 与区域活动的基本内容相适宜 □ 与区域活动中的操作材料相适宜 □ 墙饰生动形象，具有美感 □ 墙饰中含有活动规则、具体程序提示等 □ 对幼儿的游戏与学习活动有引导、促进作用，如问题展示与解决方法征集、观察记录等 □ 其他＿＿＿＿＿＿＿＿＿＿＿＿＿＿＿＿＿＿＿＿＿＿＿＿＿＿＿＿＿＿＿
个案观察	
反思与建议	

单元十八：生活中的科学教育

幼儿园：　　　　　　班级：　　　　　　　日期：

主要形式	☐ 全园的大型种植区　　　　☐ 饲养区 ☐ 种植区　　　　　　　　　☐ 散步与采集 ☐ 偶发性的科学活动　　　　☐ 天气预报栏 ☐ 郊游与采摘　　　　　　　☐ 其他＿＿＿＿＿＿＿
偶发性科学活动教师的教学行为	☐ 尊重幼儿的兴趣 ☐ 在一日生活各个环节中观察幼儿，把握教育时机 ☐ 给予幼儿活动的自由，帮助幼儿明确科学问题 ☐ 允许幼儿自主选择活动伙伴 ☐ 对幼儿提出问题的勇气表示鼓励 ☐ 对超出自己知识能力范围的问题不回避 ☐ 遇到难以解答的问题时，与幼儿共同收集资料，探究解决问题的途径 ☐ 帮助幼儿积累解决问题的方法 ☐ 充分利用社区和家长资源 ☐ 对于多数幼儿都不理解且有教育价值的问题能够生成为集体活动 ☐ 对于个别幼儿的特殊问题能够给予个别指导 ☐ 其他＿＿＿＿＿＿＿＿＿＿＿＿＿＿＿
个案观察	
反思与建议	

单元十九：家庭与社区中的科学教育

幼儿园：   日期：

家庭中的科学教育	形式	☐ 科学游戏 ☐ 早期科学阅读 ☐ 科学探究活动 ☐ 科学制作活动 ☐ 其他＿＿＿＿＿＿＿＿＿＿＿＿＿＿＿＿＿＿＿
	家庭与幼儿园合作	☐ 能相互弥补科学教育的不足，共同促进 ☐ 协作过程能相互理解和信任 ☐ 能够发挥各自的教育价值 ☐ 联系形式多样化 ☐ 幼儿园能够邀请家庭成员定期开展开放活动 ☐ 其他＿＿＿＿＿＿＿＿＿＿＿＿＿＿＿＿＿＿＿
社区中的科学教育	社区科学教育资源	1. 物质条件 ☐ 活动场地充足 ☐ 社区中有植物种植和动物养殖区域，且幼儿被允许在这些区域中观察、活动 ☐ 社区环境卫生、安全 ☐ 有对公众开放的资源中心，如：图书馆、博物馆等 ☐ 其他＿＿＿＿＿＿＿＿＿＿＿＿＿＿＿＿ 2. 人力资源 ☐ 有从事专业工作的人员，并愿意为幼儿提供帮助 ☐ 各种资源的管理部门能为幼儿提供科学教育方面的帮助 ☐ 社区风气好，社区成员间关系融洽 ☐ 其他＿＿＿＿＿＿＿＿＿＿＿＿＿＿＿＿ 3. 共同的科学观 ☐ 社区成员具有科学意识 ☐ 能自觉抵制迷信腐朽思想，并用科学的眼光看待问题 ☐ 理解和支持幼儿的各类探究活动 ☐ 其他＿＿＿＿＿＿＿＿＿＿＿＿＿＿＿＿
	社区与幼儿园合作	☐ 资源能够相互利用，优势互补 ☐ 密切幼儿园与社区的联系，建立平等合作关系 ☐ 幼儿园能够从社区中寻找教育契机 ☐ 幼儿园邀请社区成员定期开展开放性的教育活动 ☐ 其他＿＿＿＿＿＿＿＿＿＿＿＿＿＿＿＿＿＿

续　表

个案观察	
反思与建议	

备注：部分内容请与家长进行沟通，并在家长的协作下完成。

单元二十：幼儿科学教育评价

幼儿园：　　　　　　班级：　　　　　　日期：

对幼儿发展的评价		☐ 评价的内容丰富多样 ☐ 评价的目的是为了促进幼儿的学习和发展 ☐ 评价关注的是幼儿的"最近发展区" ☐ 评价关注的是幼儿科学态度的形成 ☐ 评价关注的是幼儿科学知识的掌握 ☐ 注重形成性评价、诊断性评价、总结性评价相结合，评价方式多样 ☐ 其他＿＿＿＿＿＿＿＿＿＿＿＿＿＿＿＿
对科学教育活动的评价	科学活动目标评价	☐ 活动目标的设计科学、合理 ☐ 活动目标体现宏观教育政策的要求 ☐ 课程目标考虑到幼儿的认知发展水平 ☐ 课程目标全面，含有科学经验、科学方法、科学情感 ☐ 其他＿＿＿＿＿＿＿＿＿＿＿＿＿＿＿＿
	科学活动内容评价	☐ 活动内容的选择与活动目标一致 ☐ 活动内容符合科学性 ☐ 活动内容符合时代性 ☐ 活动内容的分量适当 ☐ 活动内容的选择贴近幼儿生活 ☐ 其他＿＿＿＿＿＿＿＿＿＿＿＿＿＿＿＿
	科学活动方法评价	☐ 依据活动目标与活动内容选择生动、直观、形象的活动方法 ☐ 在一次活动中，采用多种适宜的方法 ☐ 根据幼儿园环境与设备选择适宜的方法 ☐ 活动方法的运用能够促进幼儿主动探究 ☐ 其他＿＿＿＿＿＿＿＿＿＿＿＿＿＿＿＿
	科学活动过程评价	☐ 教师能够创设平等、接纳的科学探究氛围 ☐ 活动中采用多种科学教育活动的组织形式 ☐ 课程活动中教师能够因人施教 ☐ 活动中，幼儿能够自主选择同伴搭配活动 ☐ 活动中，教师能够根据需要调整目标，或生成目标 ☐ 教师能够激发幼儿的好奇心与探究欲望 ☐ 教师能够有效掌控活动的秩序 ☐ 教师对活动突发情况的处理方法得当 ☐ 其他＿＿＿＿＿＿＿＿＿＿＿＿＿＿＿＿

对科学教育活动的评价	科学教育活动结构评价	☐ 活动结构紧凑、环节交替自然有序 ☐ 活动中的各个环节是否相互映衬、逐级深入 ☐ 活动中的每一环节都与目标达成紧密相连 ☐ 依据幼儿游戏和学习的规律合理安排活动结构,如注意动静交替等 ☐ 其他＿＿＿＿＿＿＿＿＿＿＿＿＿＿＿＿
	科学教育活动资源评价	☐ 活动材料安全、卫生 ☐ 活动资源紧扣活动目标与活动内容 ☐ 选用的活动材料具有典型性,有利于活动的开展 ☐ 活动材料满足幼儿摆弄操作的需求 ☐ 活动过程中能够最大限度地利用活动材料的功能 ☐ 其他＿＿＿＿＿＿＿＿＿＿＿＿＿＿＿＿
	师幼互动评价	☐ 教师主导作用能够有效发挥 ☐ 教师为幼儿有效发挥活动主体地位创造条件 ☐ 活动中,教师与幼儿的交往民主平等,和谐融洽 ☐ 幼儿积极参与活动,并对活动的后续开展充满期待 ☐ 其他＿＿＿＿＿＿＿＿＿＿＿＿＿＿＿＿
个案观察		
反思与建议		

单元二十一：科学活动中教师教学行为观察

班级：　　　　　　　　　　　　　　　　　日期：

小 班	1. 知识方面 　☐ 引导幼儿观察周围常见的自然物，获得粗浅的科学经验 　☐ 引导幼儿观察周围常见自然现象的特征，并感受其与人们生活的关系 　☐ 引导幼儿观察日常生活中直接接触的个别人造产品的特征及用途，感受它们给生活带来的方便 2. 方法技能方面 　☐ 帮助幼儿了解人体各类感官的作用，学习正确使用各种感官的方法，发展感知能力 　☐ 引导幼儿用词语或简单的句子描述事物的特征或自己的发现，并与同伴、教师交流 　☐ 帮助幼儿学习常用科技产品的使用方法，并参与简单的制作活动 3. 情感方面 　☐ 激发幼儿的好奇心 　☐ 启发幼儿探索自然现象和参与制作活动的兴趣 　☐ 引导幼儿喜爱动植物和周围环境；形成关心、爱护周围事物的情感 　☐ 其他＿＿＿＿＿＿＿＿＿＿＿＿＿＿＿＿＿＿＿＿
中 班	1. 知识方面 　☐ 帮助幼儿获取有关自然环境中动植物的经验及其与人类关系的具体体验，了解不同环境中个别动植物的形态特征和生活习性 　☐ 帮助幼儿获取有关自然环境无生命物质的经验及其与人类关系的具体体验 　☐ 帮助幼儿了解四季的特征及其与人们生活的关系 　☐ 了解四季典型的自然现象 　☐ 引导幼儿获取周围生活中常见科技产品的具体知识和经验 2. 方法技能方面 　☐ 帮助幼儿学会综合运用多种感官感知事物特征，发展观察力 　☐ 帮助幼儿学会按照指定标准，对物体进行简单分类 　☐ 帮助幼儿学习运用简单的工具进行测量的方法 　☐ 引导幼儿用自己的语言描述自己的发现，并与同伴、教师交流 　☐ 引导幼儿学习使用常见科技产品的方法 　☐ 引导幼儿运用简单工具进行科学制作 3. 情感方面 　☐ 发展幼儿好奇心 　☐ 引导幼儿探究周围生活中常见的自然现象、自然物和人造物 　☐ 培养幼儿关心、爱护动植物和周围环境的情感与行为 　☐ 其他＿＿＿＿＿＿＿＿＿＿＿＿＿＿＿＿＿＿＿＿

大班	1. 知识方面 　□ 帮助幼儿初步了解不同环境中的动植物及其与环境的相互关系 　□ 向幼儿介绍周围生活中环境污染现象和人们保护生态环境的活动 　□ 帮助幼儿获取有关季节、人类、动植物与环境等关系的感性经验，形成四季的初步概念 　□ 引导幼儿接触周围生活中的现代科学技术，及其在生活中的运用 2. 方法技能方面 　□ 使幼儿能主动运用多种感官观察事物，学会观察的方法 　□ 使幼儿能按照自己规定的不同标准对物体进行分类 　□ 帮助幼儿学习使用各种工具进行自然测量，掌握正确的测量方法 　□ 引导幼儿用完整、连贯的语言与同伴、教师交流自己的探索过程和结果，和他人交流、分享经验 　□ 引导幼儿学习使用常见科技产品的方法，能够发现物品和材料的多种特性和功用，并能表现出一定的创造性 3. 情感方面 　□ 激发和培养幼儿好奇、好问、好探索的态度 　□ 激发幼儿对自然环境和现代社会生活中的科技产品的广泛兴趣，能自己发现问题、提出问题、寻求答案 　□ 使幼儿喜欢并能主动参与、集中于自己的科学探索活动和制作活动 　□ 培养幼儿主动关心、爱护周围环境的情感和行为 　□ 其他_____
个案观察	
反思与建议	

单元二十二：教育目标达成度个案观察

班级：　　　　幼儿姓名：　　　　年龄：　　　　日期：

<table>
<tr>
<td rowspan="1">情
感
态
度</td>
<td>
☐ 幼儿乐于参加科学探究活动,喜爱动植物,对身边的科学探究活动具有强烈的好奇心和探究欲
☐ 对周围的科学现象及活动具有浓厚的兴趣,喜欢观察并善于提出问题,乐意动手动脑,主动寻求有关科学活动的信息和答案
☐ 喜欢了解科学家的故事,尊重科学劳动,对科学家有崇敬之意
☐ 能初步了解常见的动植物与人、环境的关系,关心爱护环境,亲近大自然,有环保意识及环保行为
☐ 幼儿有对科学的兴趣和热爱,能主动了解科技产品和人们生活的关系,能感受科学技术对生活的影响
☐ 乐于表达、交流、分享科学活动中的快乐,有初步的交流和合作意识
☐ 其他_____
</td>
</tr>
<tr>
<td>方
法
和
技
能</td>
<td>
☐ 有初步感知意识、了解感官作用
☐ 能运用各种感官感知、观察自然物和自然现象
☐ 学会根据特征分类物品
☐ 能用词汇或句子描述事物和自己的发现
☐ 学会运用简单的非正式和正式的测量工具进行测量和记录
☐ 具有动手操作的习惯
☐ 能用语言与成人或同伴交流问题,表达自己的想法
☐ 敢于大胆提出问题,发表意见
☐ 能够尊重别人的观点和经验
☐ 其他_____
</td>
</tr>
<tr>
<td>科
学
知
识</td>
<td>
☐ 获得有关季节与人类、动植物、环境等关系的感性经验
☐ 对春、夏、秋、冬有基本的了解
☐ 认识并了解常见动植物及其形态特征和生活习惯
☐ 认识并了解常见生活用品的明显特征及主要用途
☐ 了解常见物理、化学现象
☐ 认识太阳、地球、月球等常见天体,获得有关宇宙的感性经验
☐ 能对物品进行特征分类
☐ 其他_____
</td>
</tr>
</table>

个案观察	
反思与建议	

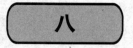

八

学前儿童数学教育篇

致 读 者

亲爱的读者：

　　您好！

　　中国科学院院士、数学家王元先生曾感叹说："我们中国有这么多数学竞赛的金牌，可怎么就没有出现帕尔曼与陶哲轩这类伟大的数学人物呢？我们国家不仅没有这些出类拔萃的人物，即便是普通的数学人才也不多。出现这个问题的症结在哪？就是我们喜欢揠苗助长！"对于植物，拔苗助长的栽培方法会导致枯萎死亡；对于儿童，不求甚解、急于求成的灌输式教育，同样会引发孩子在学习领域的早衰。

　　不恰当的教育方法会导致孩子对数学望而生畏，"算"而生厌，严重影响孩子将来的学习。学前儿童数学教育具有启蒙性质，主要是激发儿童的学习兴趣，发展抽象思维能力，培养良好的学习品质。学前期儿童处于前运算阶段，由直观形象思维向抽象思维发展过渡，数学教育应该给孩子提供一些具体可操作的材料，让孩子在游戏的快乐中成长。

　　本篇立足于幼儿教育实践，吸收国内外学前儿童数学教育研究者的最新研究成果，力求体现理论性、系统性、针对性、应用性的特色。本篇的设计不仅想让学生在教育见习、实习中知道学前儿童数学教育应该教什么、怎么教、幼儿怎么学，而且还要知道为什么要教这些内容和为什么用这些方法教和学，以及能够对实践教学中不正确的教育思想和行为加以批判。

　　本篇共有20个单元，覆盖的知识点较为广泛，主要有以下内容：学前儿童数学教育的目标和内容、学前儿童数学教育的途径与方法、学前儿童感知集合与模式的发展与学习、学前儿童数概念与运算能力的发展与学习、学前儿童空间与时间概念的发展与学习、幼儿园数学教育活动的设计与实施、学前儿童数学教育的评价等。本篇的编写主要参考了黄瑾著的《学前儿童数学教育与活动指导》等多部教材，在此表示感谢。

主编

单元一：有关集合的数学教育活动

幼儿园：　　　　　　　　班级：　　　　　　　　日期：

教学内容	☐ 感知集合及其元素,形成一个集合　　　　　　　☐ 区别"1"与"许多" ☐ 两个集合元素的一一对应比较： ☐ 重叠比较　　　　　☐ 并放比较　　　　　☐ 连线比较 ☐ 感知集合间的关系和简单运算 ☐ 其他＿＿＿＿＿＿＿＿
您所观察的班级幼儿集合概念发展的阶段	☐ 泛化笼统的知觉阶段　　　　　　　　　　☐ 感知有限集合的阶段 ☐ 感知集合元素数量的阶段　　　　　　　　☐ 感知集合包含关系的阶段 ☐ 其他＿＿＿＿＿ 请描述能反映某一幼儿集合概念发展水平的事例。 ＿＿＿＿＿＿＿＿＿＿＿＿＿＿＿＿＿＿＿＿＿＿＿＿＿＿＿＿＿＿＿＿ ＿＿＿＿＿＿＿＿＿＿＿＿＿＿＿＿＿＿＿＿＿＿＿＿＿＿＿＿＿＿＿＿
教学行为	☐ 渗透生活情境,设置问题背景　　　　　　☐ 调动多种形式,加强操作体验 ☐ 调动游戏手段,感知巩固概念　　　　　　☐ 学习正确比较,体验多种比较 ☐ 关注交流讨论,提升逻辑思考　　　　　　☐ 其他＿＿＿＿＿＿＿＿＿＿＿

请详细记录一个有关集合的数学教育活动。

活动名称：

活动目标：

活动准备：

活动过程：

活动延伸：

活动评价：

单元二：有关模式的数学教育活动

幼儿园：　　　　　　　班级：　　　　　　　日期：

<table>
<tr>
<td rowspan="3">教学内容</td>
<td>小班</td>
<td>
☐ 学习按物体的某一特征（大小、粗细、长短）进行排序
☐ 按照事件发展顺序进行排序
☐ 按照生长规律进行排序
☐ 按照 ABC 的规律进行排序
☐ 学习把物体按照 ABAB 进行间隔排序
☐ 其他_____
</td>
</tr>
<tr>
<td>中班</td>
<td>
☐ 学习按量（粗细，高矮等）的差异进行 7 以内的正逆排序
☐ 学习按一定的规则排列顺序（ABAB 或 ABBABB）
☐ 学习按物体的两个或两个以上的特征进行排序
☐ 通过观察不同物体（颜色、形状等）的排列顺序，判断被遮住物体的特征（颜色、形状等）
☐ 其他_____
</td>
</tr>
<tr>
<td>大班</td>
<td>
☐ 学习按物体量的差异和数量的不同进行 10 以内的正逆排序
☐ 尝试运用 3－4 种物体进行间隔排序
☐ 其他_____
</td>
</tr>
<tr>
<td colspan="2">您所观察班级幼儿模式概念发展水平</td>
<td>
☐ 完全没有模式概念　　　　　　☐ 处于模式认知的萌芽
☐ 开始有模式认知，但不稳定　　☐ 基本上有模式认知，较稳定
☐ 有模式认知概念
☐ 其他_____
请描述能反映某一幼儿模式概念发展水平的事例。
_____
_____
_____
_____
</td>
</tr>
<tr>
<td colspan="2">您所观察班级幼儿模式方面所具备的能力</td>
<td>
☐ 模式识别能力　　　　　　　　☐ 模式复制能力
☐ 模式扩展能力　　　　　　　　☐ 模式创造能力
☐ 模式比较能力　　　　　　　　☐ 模式转换能力
☐ 模式描述能力　　　　　　　　☐ 模式交流能力
☐ 其他_____
请描述能代表某一幼儿模式能力发展水平的事例。
_____
_____
_____
</td>
</tr>
</table>

教学 行为	☐ 合理、巧妙地利用生活情境和故事情景 ☐ 有序体现模式能力发展的渐进要求 ☐ 关注多样化的模式表征 ☐ 其他_____

请详细记录一个有关模式的数学教育活动。

活动名称：

活动目标：

活动准备：

活动过程：

活动延伸：

活动评价：

单元三：有关统计的数学教育活动

幼儿园：　　　　　　　　班级：　　　　　　　　日期：

教学内容	☐ 通过资料的收集、整理过程，在分类的基础上初步学会简单的统计 ☐ 学习用实物图示、图表和数字符号等方式进行统计 ☐ 尝试用统计思想对现实生活中有关的资料信息作出一定的解释和判断 ☐ 其他＿＿＿＿＿＿＿＿＿＿＿＿＿＿＿＿＿＿＿＿＿＿＿＿＿＿＿
教师教学行为	☐ 充分利用生活背景，感知统计的多种形式 ☐ 重视幼儿亲历统计过程，分享他人经验 ☐ 引导幼儿明确统计的要点，整理统计思路 ☐ 引导幼儿以分类为基础，自然过渡到如何进行统计 ☐ 在选择和提供情景资料中，先从只有两个选择的问题开始，慢慢向两个以上选择的问题递进 ☐ 重视教师与幼儿一起分析和讨论各种统计图记录 ☐ 教师注意不时地鼓励和提示幼儿试着对自己统计的结果作出简单的判断和预测 ☐ 其他＿＿＿＿＿＿＿＿＿＿＿＿＿＿＿＿＿＿＿＿＿＿＿＿＿＿＿

请详细记录一个有关统计的数学教育活动。

活动名称：

活动目标：

活动准备：

活动过程：

活动延伸：

活动评价：

单元四：有关数概念的数学教育活动

幼儿园：　　　　　　　班级：　　　　　　　日期：

教学内容	小班	□ 感知 5 以内的数量 □ 学习点数 5 以内的实物 □ 学习按实物范例取出相应数量的物体，物体数量控制在 5 以内 □ 学习按指定的数目取出相应数量的物体，物体数量控制在 5 以内 □ 其他＿＿＿＿＿＿＿＿＿＿＿＿＿＿＿＿＿＿＿＿＿＿＿＿＿＿＿＿
	中班	□ 认识 10 以内的数字，理解数字的含义，会用数字表示物体的数量 □ 学习不受物体空间排列形式和物体大小等外部因素的干扰，正确判断 10 以内的数量，逐步建立等量的观念 □ 观察、比较、判断 10 以内数量关系的多少 □ 感知和体验 10 以内自然数列中相邻两数的数差关系 □ 认识 10 以内的序数 □ 其他＿＿＿＿＿＿＿＿＿＿＿＿＿＿＿＿＿＿＿＿＿＿＿＿＿＿＿＿
	大班	□ 学习 10 以内单、双数和相邻数 □ 认识零 □ 能从 10 以内任意一个数开始进行顺数和倒数 □ 初步学习从不同方向确定物体在序列中的位置，会用序数词较准确地表示物体在序列中的位置 □ 学习 10 以内数的分解和组成，体验总数与部分数之间的包含关系 □ 学习 10 以内数的加减，认识加号、减号、等号，初步理解加法、减法的含义 □ 理解符号"＜"、"＞"、"＝"所表示的意思，以及用符号表示 10 以内的数量关系 □ 认识 100 元以内的人民币，能说出它们的单位名称，知道它们的面值是不同的 □ 其他＿＿＿＿＿＿＿＿＿＿＿＿＿＿＿＿＿＿＿＿＿＿＿＿＿＿＿＿
幼儿有关计数在动作方面的发展特点		1. 手的动作方面： 　　触摸物体→指点物体→用眼代替手区分物体 2. 口的动作方面： 　　大声说出数词→小声说出数词→默数 请详细描述一个反映幼儿计数动作的发展水平的事例。 ＿＿＿＿＿＿＿＿＿＿＿＿＿＿＿＿＿＿＿＿＿＿＿＿＿＿＿＿＿＿＿＿＿ ＿＿＿＿＿＿＿＿＿＿＿＿＿＿＿＿＿＿＿＿＿＿＿＿＿＿＿＿＿＿＿＿＿ ＿＿＿＿＿＿＿＿＿＿＿＿＿＿＿＿＿＿＿＿＿＿＿＿＿＿＿＿＿＿＿＿＿ ＿＿＿＿＿＿＿＿＿＿＿＿＿＿＿＿＿＿＿＿＿＿＿＿＿＿＿＿＿＿＿＿＿

教学行为	唱数	☐ 结合一日活动,随时练习 ☐ 设置生动的游戏环节,引起幼儿兴趣 ☐ 其他＿＿＿＿＿＿＿＿＿＿＿＿＿＿＿＿＿＿
	按物点数	☐ 多样化教具设计,习得守恒概念 ☐ 结合生活中的实物进行多次练习 ☐ 其他＿＿＿＿＿＿＿＿＿＿＿＿＿＿＿＿＿＿
	目测数	☐ 设置生动的情景,顾及个体差异 ☐ 与幼儿生活相结合,选取熟悉的材料和场景 ☐ 结合点数活动进行 ☐ 其他＿＿＿＿＿＿＿＿＿＿＿＿＿＿＿＿＿＿
	按数群计数	☐ 指导幼儿采用以多个为一组的形式来数物体 ☐ 活动设计中可以添有按物点数的环节,以适应不同幼儿发展水平的差异 ☐ 其他＿＿＿＿＿＿＿＿＿＿＿＿＿＿＿＿＿＿
	基数	☐ 以幼儿的数数技能为基础,引导幼儿说出一个集合物的总量 ☐ 注意深入幼儿的学习,指导幼儿从许多物体中拿出一定的量 ☐ 围绕着说出总数、按数取物、按物取数进行基数的学习活动 ☐ 其他＿＿＿＿＿＿＿＿＿＿＿＿＿＿＿＿＿＿
	序数	☐ 结合教具的排列变化,引导幼儿明确序列的起点和方向 ☐ 结合一日生活常规,指导幼儿在多种场合练习序数的使用 ☐ 其他＿＿＿＿＿＿＿＿＿＿＿＿＿＿＿＿＿＿
	相邻数	☐ 为幼儿提供多种操作材料,引导幼儿在观察、操作的过程中熟悉相邻数的顺序,以及 3 个数的真正含义 ☐ 设置游戏情景,解决实际问题 ☐ 其他＿＿＿＿＿＿＿＿＿＿＿＿＿＿＿＿＿＿
	单双数和零	☐ 注意结合幼儿的生活经验,解决实际问题 ☐ 注重创设丰富的教具和实物 ☐ 善于利用变化多样的教学手段 ☐ 其他＿＿＿＿＿＿＿＿＿＿＿＿＿＿＿＿＿＿
	数字认读	☐ 善于利用多种生动有趣的方法,指导幼儿认读数字 ☐ 注意从视觉、听觉、触觉等方面强化幼儿的数字认读能力 ☐ 其他＿＿＿＿＿＿＿＿＿＿＿＿＿＿＿＿＿＿
	数字书写	☐ 以幼儿的发展水平为基础,适时恰当地指导幼儿书写数字 ☐ 注重培养幼儿书写的常规和书写的姿势 ☐ 注意控制幼儿书写的时间 ☐ 通过讲解示范,带领幼儿在纸上练习书写 ☐ 善于利用多种生动、有趣的活动,引导幼儿书写数字 ☐ 其他＿＿＿＿＿＿＿＿＿＿＿＿＿＿＿＿＿＿

教学行为	数的组成分解	□ 善于结合多种方式设计活动 □ 为幼儿提供充分的操作体验 □ 帮助幼儿升华经验，归纳规律 □ 其他＿＿＿＿＿＿＿＿＿＿＿＿＿＿＿＿＿＿＿＿＿

请详细记录一个有关数概念的数学教育活动。

活动名称：

活动目标：

活动准备：

活动过程：

活动延伸：

活动评价：

单元五：有关数运算的数学教育活动

幼儿园：　　　　　　　　　班级：　　　　　　　　　日期：

<table>
<tr>
<td rowspan="1">教学
内容</td>
<td>
☐ 认识加号、减号
☐ 初步理解加法、减法的含义
☐ 学习 10 以内实物的加减
☐ 利用口述应用题的方式进行 10 以内的加减运算
☐ 学习 10 以内的列式运算
☐ 体验加减互逆关系
☐ 学习运用加减法解答生活中的简单问题
☐ 其他_____
</td>
</tr>
<tr>
<td>学前
儿童
数运
算能
力的
特点</td>
<td>
1. 从动作水平的加减→表象水平的加减→概念水平的加减
2. 从逐一加减→按数群加减
请详细描述一个儿童有关数运算特点的活动。
_____
_____
_____
_____
_____
</td>
</tr>
<tr>
<td rowspan="4">教学
行为</td>
<td>实物
加减</td>
</tr>
</table>

<table>
<tr>
<td rowspan="3">教学
行为</td>
<td>实物
加减</td>
<td>
☐ 结合生活中的实例,体验加减法含义
☐ 迁移操作活动的经验,理解加减法含义
☐ 通过多样化交流讨论,为表象运算做准备
☐ 其他_____
</td>
</tr>
<tr>
<td>口述
应用
题</td>
<td>
☐ 渗透生活情景,唤起幼儿经验
☐ 应用题难度要适宜,语义结构有变化
☐ 教师口述应用题与幼儿编应用题相结合
☐ 关注集体的交流讨论,提升幼儿的准确表达
☐ 其他_____
</td>
</tr>
<tr>
<td>列式
运算</td>
<td>
☐ 结合生动情景,将具体转化为抽象
☐ 运用多种方式,掌握符号及其含义
☐ 其他_____
</td>
</tr>
</table>

请详细记录一个有关数运算的数学教育活动。

活动名称：

活动目标：

活动准备：

活动过程：

活动延伸：

活动评价：

单元六：有关平面图形的数学教育活动

幼儿园：　　　　　　　　　　班级：　　　　　　　　　　日期：

<table>
<tr>
<td rowspan="2">教学
内容</td>
<td>小班</td>
<td>☐ 认识和区分圆形、正方形、三角形
☐ 能够辨别生活中常见的圆形、正方形、三角形物体
☐ 其他_____</td>
</tr>
<tr>
<td>中班</td>
<td>☐ 认识和区分长方形、椭圆形、梯形、半圆形等
☐ 体验图形的边角关系
☐ 理解平面图形之间的关系，并能进行组合、分解和拼搭
☐ 其他_____</td>
</tr>
<tr>
<td>您所
观察
班级
幼儿
的平
面图
形概
念的
发展
特点</td>
<td colspan="2">1. 从拓扑图形到欧式几何 ①
2. 从局部粗糙的感知到完整细致的辨认
3. 从与实体相联系的认识到抽象出形体的本质特征
4. 其他_____
请描述能代表某一幼儿理解"平面图形"概念发展特点的事例。

_____
_____
_____
_____
_____</td>
</tr>
<tr>
<td>教师
教学
指导
行为</td>
<td colspan="2">☐ 引导幼儿抚摸、观察物体的面，感知物体面的轮廓
☐ 出示与物体的面形状相似的几何图形，介绍其名称、特征
☐ 出示颜色不同、大小不同、排放形式不同的图形，巩固对图形的认识
☐ 指导幼儿利用多种操作形式对图形进行分割和拼合，深入认识图形之间的关系
☐ 结合其他数学领域的内容，如分类、点数等，巩固幼儿的知识
☐ 善于结合其他领域的内容，使活动更加丰富多彩
☐ 其他_____</td>
</tr>
</table>

---

① 儿童最初对空间形体的认识是带有拓扑性质的。在欧几里得几何中线条有曲、直之分，而在拓扑几何中没有曲、直之分，只有开放和封闭之分。

请详细记录一个有关平面图形的数学教育活动。

活动名称：

活动目标：

活动准备：

活动过程：

活动延伸：

活动评价：

单元七：有关立体图形的数学教育活动

幼儿园：　　　　　　　班级：　　　　　　　日期：

教学内容	☐ 认识和区分球体、正方体、长方体、圆柱体 ☐ 理解和区分平面图形与立体图形之间的关系 ☐ 能够依据形体特征进行分类 ☐ 引导幼儿利用各种几何形体（积木或积塑）进行拼搭和建造活动，体验图形的边角关系 ☐ 其他_____
教学行为	☐ 引导幼儿通过感官比较感知形体特征 ☐ 指导幼儿进行重叠比较，在对比中感知形体特征 ☐ 通过自然测量把握形体的主要特征和区别 ☐ 指导幼儿动手操作，加深对形体特征的认识 ☐ 其他_____

请详细记录一个有关立体图形的数学教育活动。

活动名称：

活动目标：

活动准备：

活动过程：

活动延伸：

活动评价：

单元八：有关等分形体的数学教育活动

幼儿园：　　　　　　班级：　　　　　　日期：

教学 内容	☐ 学习对实物或几何图形进行二等分 ☐ 学习对实物或几何图形进行四等分 ☐ 学习感知部分与整体的关系 ☐ 其他＿＿＿＿＿＿＿＿＿＿＿＿＿＿＿＿＿＿＿＿
教学 行为	☐ 引导幼儿抚摸、观察物体的面，感知物体面的轮廓 ☐ 出示与物体的面形状相似的几何图形，介绍其名称、特征 ☐ 出示颜色不同、大小不同、排放形式不同的图形，巩固对图形的认识 ☐ 通过多种操作的形式对图形进行分割和拼合，使其认识图形之间的关系 ☐ 有机渗透其他教育内容，巩固对平面图形的认识 ☐ 其他＿＿＿＿＿＿＿＿＿＿＿＿＿＿＿＿＿＿＿＿

请详细记录一个有关等分形体的数学教育活动。

活动名称：

活动目标：

活动准备：

活动过程：

活动延伸：

活动评价：

单元九：有关量的数学教育活动

幼儿园：　　　　　　　　班级：　　　　　　　　　　日期：

教学内容	□ 比较大小、长短、粗细、高矮、厚薄、宽窄、容积等量的差异 □ 能从 10 个以内（大小、长短等）不同的物体中找出等量的物体 □ 学习量的正、逆排序　　　　　　　　□ 感知量的守恒 □ 体验量的相对性和传递性 □ 其他_____
您所观察班级幼儿量概念发展的特点	1. 从明显差异到不明显差异　　　　　2. 从不守恒到守恒 3. 从绝对到相对　　　　　　　　　　4. 从模糊、不精确到逐渐精确 5. 其他 请描述能代表某一幼儿理解"量"的概念发展特点的事例。 _____ _____
教学行为	□ 引导幼儿利用视觉观察比较物体的大小、长短等量的差异 □ 引导幼儿利用触摸觉感知物体量的大小、薄厚等量的差异 □ 引导幼儿利用运动觉感知比较物体的轻重的差异 □ 善于运用发现和寻找的方法感知物体量的差异 □ 善于运用游戏法巩固对量的认识 □ 两两比较，帮助幼儿有序推理 □ 能够正确地使用与选择教具 □ 引导幼儿明确区分量的排序和模式排序 □ 利用变式感知体验量的守恒 □ 其他_____

请详细记录一个有关量的数学教育活动。

活动名称：

活动目标：

活动准备：

活动过程：

活动延伸：

活动评价：

单元十：有关测量的数学教育活动

幼儿园：　　　　　　　班级：　　　　　　　　日期：

教学内容	□ 引导幼儿认识相等测量单位的必要性，为学习测量做准备 □ 挑选自然测量的工具 □ 学习自然测量的方法 □ 表述与比较测量的结果 □ 其他_____
教学行为	□ 创设丰富有趣的情境引导幼儿感知体验测量活动的乐趣 □ 提供给幼儿多种不同的工具和材料作为量具 □ 启发幼儿注意比较不同的量具所带来的不同结果 □ 关键性测量技能要重点演示和强化 □ 其他_____

请详细记录一个有关测量的数学教育活动。

活动名称：

活动目标：

活动准备：

活动过程：

活动延伸：

活动评价：

单元十一：有关空间方位的数学教育活动

幼儿园：　　　　　　　　班级：　　　　　　　　日期：

教学内容	□ 以自身为中心区分上下、前后、左右 □ 以客体为中心区分上下、前后、左右 □ 逐步理解空间方位的相对性、可变性和连续性 □ 其他＿＿＿＿＿＿＿＿＿＿＿＿＿＿＿＿＿＿＿＿＿
您所观察的班级幼儿空间方位概念发展的特点	1. 从上下→前后→左右 2. 从以自身为中心→以客体为中心 3. 从近的区域范围→远的区域范围 4. 其他＿＿＿＿＿＿＿＿＿＿＿＿＿＿＿＿＿＿ 请描述能代表某一幼儿理解"空间方位"的概念发展水平的事例。 ＿＿＿＿＿＿＿＿＿＿＿＿＿＿＿＿＿＿＿＿＿＿＿ ＿＿＿＿＿＿＿＿＿＿＿＿＿＿＿＿＿＿＿＿＿＿＿ ＿＿＿＿＿＿＿＿＿＿＿＿＿＿＿＿＿＿＿＿＿＿＿
教学行为	□ 引导幼儿从自身出发理解方位 □ 借助观察、比较、寻找等方法巩固方位概念 □ 借助实物演示，引导细致观察 □ 利用游戏情景，巩固方位知识 □ 通过确定以不同的物体作为主体进行方位比较 □ 采用改变主体位置的方式引导幼儿在演示性操作中感知和理解 □ 其他＿＿＿＿＿＿＿＿＿＿＿＿＿＿＿＿＿＿

请详细记录一个有关空间方位的数学教育活动。

活动名称：

活动目标：

活动准备：

活动过程：

活动延伸：

活动评价：

单元十二：有关时间的数学教育活动

幼儿园： 班级： 日期：

教学内容	□ 认识和区分早、中、晚以及白天和黑夜的时间概念 □ 认识和区分昨天、今天、明天的时间概念 □ 学会看日历，知道年、月、星期、日的名称与顺序 □ 认识时钟，学会看整点和半点 □ 其他＿＿＿＿＿＿＿＿＿＿＿＿＿＿＿＿＿＿
您所观察班级幼儿的时间概念发展特点	□ 易受生活实际经验的影响 □ 易受知觉影响，把时间和空间等同起来理解 □ 更易理解短的周期时间顺序 □ 对表达时间的词语存在一定困难 □ 其他＿＿＿＿＿＿＿＿＿＿＿＿＿＿＿＿＿ 请描述能反映某一幼儿理解"时间"概念发展特点的事例。 ＿＿＿＿＿＿＿＿＿＿＿＿＿＿＿＿＿＿＿＿＿＿＿＿＿ ＿＿＿＿＿＿＿＿＿＿＿＿＿＿＿＿＿＿＿＿＿＿＿＿＿
教学行为	□ 密切联系生活，借助情境谈话 □ 唤起形象感知，体验时间顺序 □ 重点把握好时间的相对性问题 □ 借助多种手段巩固时间概念，如操作、排序等 □ 幼儿观察与教师演示讲解相结合 □ 给幼儿动手操作演示钟面、年历的练习机会 □ 其他＿＿＿＿＿＿＿＿＿＿＿＿＿＿＿＿＿＿

请详细记录一个有关时间的数学教育活动。

活动名称：

活动目标：

活动准备：

活动过程：

活动延伸：

活动评价：

单元十三：数学分科活动

幼儿园：　　　　　　　班级：　　　　　　　日期：

教学行为	☐ 活动目标的定位和表述明确具体，且分层细化 ☐ 活动内容的组织编排关注年龄阶段和学科逻辑 ☐ 活动内容的组织编排体现了渐进性，步步紧扣、层层深入 ☐ 活动环节中教师有意识引导，丰富幼儿的操作策略 ☐ 活动中通过系统而小步递进的方式，完成教育目标与任务 ☐ 其他＿＿＿＿＿＿＿＿＿＿＿＿＿＿＿＿＿＿＿＿＿＿＿＿＿＿＿

请详细记录一个幼儿数学分科活动。

活动名称：

活动目标：

活动准备：

活动过程：

活动延伸：

活动评价：

单元十四：数学主题活动

幼儿园：　　　　　　　班级：　　　　　　　日期：

教学行为	□ 结合主题，紧密联系幼儿的生活经验 □ 设定的活动目标对班上大多数幼儿有价值 □ 选择的活动内容对不同层次发展水平的幼儿都具有挑战性 □ 活动的设计体现情境学习和问题解决式学习 □ 活动设计体现出与艺术、语言等多个领域的相互渗透和联系 □ 教师为活动中可能出现的情况做好充分准备 □ 活动中能够为不同水平和能力的幼儿提供反复操作、多次体验的机会 □ 关注活动的过程性价值 □ 允许幼儿根据主题的相关经验和兴趣发起和生成教育活动 □ 其他_____

请勾勒出一幅主题网络图，并重点标示出有关数学主题的教学活动。

单元十五：数学方案活动

幼儿园：　　　　　　　　班级：　　　　　　　　日期：

教学行为	□ 注意将数学的内容和问题隐性整合在幼儿的探索学习过程中 □ 指导幼儿在合作、交流和互动中共同建构概念 □ 活动由教师发起，有确定的目标和内容 □ 活动以幼儿的兴趣为导向 □ 活动以满足幼儿的学习和探索需要为追求 □ 其他＿＿＿＿＿＿＿＿＿＿＿＿＿＿＿＿＿＿＿＿＿＿＿

请勾勒出一幅方案网络图，并重点标示出有关数学方案的教学活动。

单元十六：数学区角活动

幼儿园：　　　　　　　　班级：　　　　　　　　日期：

教学行为	□ 注意在内容上与集体活动保持联系 □ 考虑数学教育内容本身的系统性和递进性，全面而有序地投放材料 □ 对于同一内容，提供多种感知操作材料，以促进幼儿的经验积累 □ 考虑到幼儿数学发展水平的差异，材料的投放能够体现出梯度和层级 □ 帮助并支持幼儿与同伴或教师，对自己的操作过程进行表述和交流 □ 能够针对幼儿个体表现出的显著差异实施个别指导 □ 区角活动配有活动规则与玩法以及活动建议的说明 □ 定期帮助幼儿总结区角活动的经验，促进幼儿将数学经验上升到概念 □ 其他 _____
个案分析	
反思与建议	

单元十七：数学教育的方法

幼儿园：　　　　　　　班级：　　　　　　　日期：

操作法	分类	☐ 示范性操作　　　　　　☐ 验证性操作 ☐ 探索性操作　　　　　　☐ 发散性操作 ☐ 其他＿＿＿＿＿＿＿＿＿＿＿＿＿
	教学行为	☐ 明确操作目的　　　　　☐ 创设操作条件 ☐ 交代操作规则　　　　　☐ 评价操作结果 ☐ 体现年龄差异　　　　　☐ 与其他方法有机结合 ☐ 其他＿＿＿＿＿＿＿＿＿＿
游戏法	分类	☐ 操作性数学游戏　　　　☐ 情节性数学游戏 ☐ 竞赛性数学游戏　　　　☐ 运动性数学游戏 ☐ 运用各种感官的数学游戏　☐ 数学智力游戏 ☐ 其他＿＿＿＿＿＿＿＿＿＿
	教学行为	☐ 编制的数学游戏，符合幼儿的年龄特点 ☐ 注意选择不同的游戏形式，如集体游戏、小组游戏等 ☐ 游戏中渗透语言、艺术等领域的内容 ☐ 其他＿＿＿＿＿＿＿＿＿
比较法	分类	☐ 对应比较：☐ 重叠式　　☐ 并放式　　☐ 连线式 ☐ 非对应比较：☐ 单排比较　☐ 双排比较　☐ 不同排列形式比较
	教学行为	☐ 以幼儿发展水平为依据，选择适宜的比较方法 ☐ 引导幼儿运用多种方法对一个(组)物体进行比较 ☐ 注意与其他方法的有机结合 ☐ 其他＿＿＿＿＿＿＿＿＿
讨论法	分类	☐ 辨别性讨论　　　　　　☐ 修正性讨论 ☐ 交流性讨论　　　　　　☐ 归纳性讨论 ☐ 其他＿＿＿＿＿＿＿＿＿
	教学行为	☐ 以操作体验作为讨论的基础 ☐ 注重讨论的过程 ☐ 讨论中关注个体差异，因材施教 ☐ 其他＿＿＿＿＿＿＿＿＿

续　表

寻找法	分类	□ 在自然环境中寻找　　　　　　　　　　□ 在已准备好的环境中寻找 □ 运用记忆表象来寻找 □ 其他＿＿＿＿＿＿＿＿＿＿＿＿＿＿＿＿＿
	教学行为	□ 根据具体的教学内容及幼儿的年龄特点适时选用 □ 可以与游戏法相结合,利用游戏的情节场景启发幼儿 □ 能够对幼儿进行必要的引导和启发 □ 其他＿＿＿＿＿＿＿＿＿＿＿＿＿＿＿＿＿
讲解演示法	教学行为	□ 突出讲解的重点 □ 语言简练、准确、形象、通俗 □ 演示的教具直观、美观、大方,且不用太新奇的教具分散幼儿的注意力 □ 注意与其他方法的有机结合 □ 其他＿＿＿＿＿＿＿＿＿＿＿＿＿＿＿＿＿
发现法	教学行为	□ 准备阶段,活动之前首先让幼儿明确目标、意义等 □ 初探阶段,幼儿主动探究问题的答案 □ 交流与再探阶段,引导幼儿再次操作探讨 □ 总结阶段,把探索得到的知识归纳整合 □ 运用阶段,通过练习,使幼儿初步获得知识迁移的能力 □ 其他＿＿＿＿＿＿＿＿＿＿＿＿＿＿＿＿＿

请描述一个有关数学教育活动的案例,并分析案例中使用的教育方法。

单元十八：幼儿园数学教育活动教师的角色与策略

幼儿园：　　　　　　　班级：　　　　　　　日期：

教师角色	☐ 情景式数学学习中的发动者、抛锚者 ☐ 积极的关注者、译解者 ☐ 适时的支架者、提携者 ☐ 其他_____			
活动组织与实施的策略	☐ 激励式互动策略： ☐ 追随式互动策略： ☐ 适时回应 ☐ 挑战式互动策略： ☐ 其他_____	☐ 情景感染 ☐ 创设情境 ☐ 重复 ☐ 问题质疑	☐ 语言催化 ☐ 变换调整 ☐ 反问 ☐ 交流反馈	☐ 情感分享 ☐ 耐心等待 ☐ 提炼
个案分析				
反思与建议				

单元十九：幼儿园数学教育活动的评价

幼儿园：　　　　　　　班级：　　　　　　　日期：

活动环境	1. 心理环境 　☐ 心理活动环境宽松、和谐、安全、自由 　☐ 幼儿可以轻松地表达、不压抑、不紧张 　☐ 其他＿＿＿＿＿＿＿＿＿＿＿＿＿＿＿＿＿＿＿＿ 2. 物理环境 　☐ 教师在时间和空间上保证幼儿自主开展活动 　☐ 教师提供适宜的活动环境，注重材料的丰富性和功能性 　☐ 幼儿可以自由选择、探索、发现 　☐ 其他＿＿＿＿＿＿＿＿＿＿＿＿＿＿＿＿＿＿＿＿
活动目标	☐ 活动目标具有连续性 ☐ 活动目标着眼于幼儿数学思维的培养 ☐ 活动目标考虑幼儿发展水平和个体差异 ☐ 活动目标的陈述应全面和具体 ☐ 其他＿＿＿＿＿＿＿＿＿＿＿＿＿＿＿＿＿＿＿＿
活动内容	☐ 活动内容与目标一致 ☐ 活动内容符合幼儿的最近发展区 ☐ 活动内容与幼儿的生活相联系 ☐ 其他＿＿＿＿＿＿＿＿＿＿＿＿＿＿＿＿＿＿＿＿
活动方法	☐ 活动方法应直观、形象、生动 ☐ 活动方法与生活联系 ☐ 活动方法重视实物操作 ☐ 其他＿＿＿＿＿＿＿＿＿＿＿＿＿＿＿＿＿＿＿＿
活动过程	☐ 活动过程有逻辑性 ☐ 活动过程充分利用活动环境 ☐ 活动过程注重教师与幼儿的互动 ☐ 活动过程关注幼儿数学思维的培养 ☐ 其他＿＿＿＿＿＿＿＿＿＿＿＿＿＿＿＿＿＿＿＿

个案观察	
反思与建议	

单元二十：幼儿发展水平个案评估

幼儿园：　　　　　　　班级：　　　　　　　　日期：
观察对象 1：　　　　　　年龄：　　　　　　　　性别：
观察对象 2：　　　　　　年龄：　　　　　　　　性别：
观察对象 3：　　　　　　年龄：　　　　　　　　性别：

小 班	☐ 能够按物体的一个特征进行分类 ☐ 能够按物体量（大小、长短等）的差异进行 4 个以内物体的排序 ☐ 认识"1"和"许多"及其关系 ☐ 能够用一一对应的方法感知物体的数量，感知多、少和一样多 ☐ 能够手口一致地从左到右点数 4 以内的实物，并说出总数 ☐ 能按实物范例和制定的数目取出相应数量的物体 ☐ 能够正确使用常用的量词 ☐ 认识圆形、正方形、三角形 ☐ 能以自身为中心区分上下、前后、里外的空间方位 ☐ 认识早、晚的时间概念，知道早、晚有代表性情节的日常变化 ☐ 能按照教师要求，按照规则进行活动 ☐ 能够用语言讲出操作活动的过程和结果 ☐ 大胆回答问题 ☐ 愿意参与数学活动，喜欢摆弄、操作数学活动材料 ☐ 能在老师帮助下学习按要求拿取、摆放操作材料
中 班	☐ 认识 10 以内的数字 ☐ 理解数字的含义，会用数字表示物体的数量 ☐ 学习 10 以内的基数：顺着数、倒着数、目测数群 ☐ 能够不受物体空间排列形式和物体大小等外部因素的干扰，正确判断 10 以内的数量 ☐ 感知和体验 10 以内自然数列中相邻两数的等差关系 ☐ 认识 10 以内的序数 ☐ 认识长方形、梯形、椭圆形 ☐ 能够按某一特征的肯定与否定进行分类 ☐ 能够概括图形的两个特征 ☐ 可以按两个特征对同一类物体进行逐级分类 ☐ 能够按量（粗细、高矮等）的差异进行 6 以内的正逆排序 ☐ 能按特定的规则排序 ☐ 能按教师的要求进行活动，并可以按照要求检查自己的活动 ☐ 能安静倾听老师和同伴的讲话 ☐ 观察、比较、判断 10 以内的数量关系，逐步建立等量观念 ☐ 运用已有的知识经验，解决新的问题，学习新的知识，形成初步的推理和迁移能力 ☐ 可以用语言表述自己的操作活动过程和结果 ☐ 能依据各个小组的活动情况自主选择并参与小组活动 ☐ 在日常活动中，喜欢选择数学游戏活动

中班	□ 能主动地、专心地进行数学操作活动,并对自己的活动成果感兴趣 □ 在教师的引导下,能注意和发现周围环境中物体的量的差异,物体的形状以及它们的空间位置等
大 班	□ 认识 10 以内的单数、双数、相邻数以及零的含义 □ 学习 10 以内数的分解和组成,体验总数与部分数之间的等量关系,部分数与部分数之间的互补和互换关系 □ 认识加号、减号,理解加减法的含义 □ 掌握 10 以内正、逆排序,初步体验数列之间的传递性、双重性及可逆性关系 □ 认识几种常见的立体图形(正方体、球体、长方体、圆柱体) □ 能根据形体特征进行分类 □ 体验平面图形与立体图形之间的关系 □ 能够用简单的方法等分实物或图形 □ 能够进行自然测量 □ 能以自身为中心和以客体为中心区分左右 □ 会向左、向右方向运动 □ 认识时钟,学会看整点、半点 □ 学会看日历,知道年、月、星期的名称和顺序 □ 能按规则进行活动,按规则检查活动过程和结果,并能积极参加小组活动 □ 能清楚地讲述操作活动过程和结果 □ 能在教师的帮助下归纳、概括有关的数学经验 □ 学会从不同角度、不同方面观察与思考问题 □ 能通过观察、比较、类推、迁移等方法解决简单的数学问题 □ 积极主动地参加数学问题的讨论 □ 能够有条理地摆放、整理活动材料 □ 能与同伴友好地进行数学游戏,能运用轮流、适当等待、协商等方法协调与同伴的关系
个案观察	
反思与建议	

九

学前儿童音乐教育篇

致 读 者

亲爱的读者：

您好！

艺术是人类感受美、表现美和创造美的重要形式，也是表达自己对周围世界的认识和情绪态度的独特方式。音乐是反映人类现实生活情感的一种艺术，古今中外很多圣贤都对音乐给予高度的评价。

1. 音乐教育并不是音乐家的教育，而首先是人的教育。——苏霍姆林斯基

2. 音乐教育除了非常注重道德和社会目的外，必须把美的东西作为自己的目的来探求，把人教育成美和善的。——柏拉图

3. 音乐是比一切智慧、一切哲学更高的启示，谁能渗透我音乐的意义，便能超脱寻常人难以自拔的苦难。——贝多芬

4. 欲改造国民之品质，则诗歌音乐为精神教育之一要件。——梁启超

5. 我的科学成就很多是从音乐启发而来的。——爱因斯坦

学前儿童音乐教育具有重要价值，音乐能以自己特有的语言影响幼儿，是启迪幼儿心灵之窗的金钥匙。本篇立足于幼儿教育实践，吸收国内外学前儿童音乐教育研究者的最新研究成果，力求体现理论性、系统性、针对性、应用性的特色，让学生懂得如何在实践中设计、组织与指导音乐教育活动。

本篇共有18个单元，覆盖的知识点较为广泛，主要有以下内容：集体歌唱教学艺术表现力与教学内容、集体歌唱教学活动材料选择与设计、幼儿动作表演、韵律教学活动、幼儿乐器演奏教学活动、打击乐器演奏活动、集体音乐欣赏教学、集体戏剧教学活动等。本篇的编写主要参考了许卓娅教授著的《学前儿童艺术教育》等多部教材，在此表示感谢。

主编

单元一：集体艺术教学活动目标、结构及组织形式

幼儿园：　　　　　　　　班级：　　　　　　　　日期：

目标设计	□ 艺术审美能力发展目标 □ 价值观念发展目标 □ 社会性发展目标 □ 其他＿＿＿＿＿＿＿＿＿＿＿＿		□ 学习能力发展目标 □ 个性发展目标 □ 全面发展目标
设计原则	□ 有重复原则 □ 层层深入原则 □ 动静交替原则 □ 其他＿＿＿＿＿＿＿＿＿＿＿＿		□ 有变化原则 □ 不断提高原则
集体艺术教学活动结构不同角度分类	实践角度	艺术表现活动	□ 歌唱活动　　　　□ 韵律活动 □ 绘画活动　　　　□ 手工活动 □ 打击乐器演奏活动 □ 其他＿＿＿＿＿＿＿＿＿＿
		艺术体验活动	□ 音乐欣赏活动 □ 美术欣赏活动 □ 其他＿＿＿＿＿＿＿＿＿＿
	目的角度		□ 集体艺术教学活动 □ 艺术区角活动 □ 音乐娱乐活动 □ 美术生活应用活动 □ 其他＿＿＿＿＿＿＿＿＿＿
集体艺术教学活动结构功能	□ 适应性功能：顺应幼儿生理、心理机能活动变化规律 □ 唤醒功能：帮助幼儿从相对疲沓、懒散、松懈状态过渡到适当紧张、集中、振奋状态 □ 恢复功能：帮助幼儿从相对疲劳、处于保护性抑制状态逐步恢复到相对松弛舒适状态 □ 发展性功能：顺应幼儿学习迁移规律和心理结构建构规律 □ 其他＿＿＿＿＿＿＿＿＿＿＿＿		
集体艺术教学活动组织形式	□ "三段式"结构：教学活动被明确分为开始、主体和结束三个部分 □ "一杆子式"结构：教学活动是一个整体 □ 其他＿＿＿＿＿＿＿＿＿＿＿＿		

单元二：集体艺术教学活动实施

幼儿园：　　　　　　　　班级：　　　　　　　　日期：

集体艺术教学活动实施方法	语言指导法	□ 讲述法　　□ 解释法　　□ 提问法　　□ 其他＿＿＿＿＿＿＿＿＿＿＿＿＿	□ 提示法　　□ 指示法　　□ 反馈法
	范例法	□ 示范法　　□ 其他＿＿＿＿＿＿＿＿＿＿＿＿＿	□ 演示法
	角色变化法	□ 参与法　　□ 其他＿＿＿＿＿＿＿＿＿＿＿＿＿	□ 退出法
集体艺术教学活动实施原则	□ 教师幼儿相互作用原则 □ 面向全体幼儿原则 □ 尊重幼儿个别差异原则 □ 在整体审美情景中幼儿全面发展教育原则 □ 其他＿＿＿＿＿＿＿＿＿＿＿＿＿＿＿＿＿＿＿＿＿＿＿＿＿＿＿		

观察记录一个集体音乐教学活动

活动名称：

活动目标：

活动准备：

活动过程：

活动延伸：

活动评价：

单元三：集体艺术教学活动心理调节

幼儿园：　　　　　　　　班级：　　　　　　　　日期：

幼儿因素调节	☐ 满足幼儿对探究的需求 ☐ 满足幼儿对创新的需求 ☐ 满足幼儿对秩序的需求 ☐ 满足幼儿对参与的需求 ☐ 满足幼儿对接纳的需求 ☐ 其他＿＿＿＿＿＿＿＿＿＿＿＿＿＿＿＿＿＿＿＿	
教师因素调节	情绪表达	☐ 教师有意识有目的地将自己的情绪控制在与教学目标相匹配的状态上 ☐ 教师表情自然而鲜明 ☐ 教师合理使用动作的形象及动作的幅度速度、力度来表达自己的情绪 ☐ 教师合理使用嗓音、表情因素，如：语音、语调 ☐ 其他＿＿＿＿＿＿＿＿＿＿＿＿＿＿＿＿＿＿
	行动方式	☐ 观察　　　　　☐ 反馈　　　　　☐ 鼓励 ☐ 督导　　　　　☐ 角色进入与退出 ☐ 其他＿＿＿＿＿＿＿＿＿＿＿＿＿＿＿＿＿＿
材料因素调节	☐ 难度适中　　　☐ 幼儿感兴趣　　　☐ 音乐具有完整性 ☐ 乐器、教具和学具、道具、音像制品等其他辅助性操作材料使用合理 ☐ 其他＿＿＿＿＿＿＿＿＿＿＿＿＿＿＿＿＿＿＿＿＿＿＿＿	
程序因素调节	☐ 从程序的功能结构上看，有开始部分——主体部分——结束部分 ☐ 从程序的刺激强度上看，有"动"的程序和"静"的程序 ☐ 从程序递进的速度上看，有"快进度"模式和"慢进度"模式 ☐ 其他＿＿＿＿＿＿＿＿＿＿＿＿＿＿＿＿＿＿＿＿＿＿＿＿	
时间因素调节	☐ 有限制 ☐ 有弹性 ☐ 符合幼儿注意力持续时间 ☐ 其他＿＿＿＿＿＿＿＿＿＿＿＿＿＿＿＿＿＿＿＿＿＿＿＿	
空间因素的调节	歌唱活动	☐ 将音准节奏能力较差的幼儿安排在较靠近老师和乐器的位置 ☐ 自我控制能力较差的幼儿，教师根据其受控制特点分别安排在靠近教师的位置或集体边缘不易影响他人的位置，或安排于自我控制能力较强的幼儿包围之中 ☐ 在合唱、领唱、对唱等有特殊空间要求的活动中，同一声部（唱法相同）的幼儿集中在一起 ☐ 其他＿＿＿＿＿＿＿＿＿＿＿＿＿＿＿＿＿＿

空间因素的调节	演奏活动	□ 音色相同或相似乐器安排在一起 □ 演奏相同节奏型乐器安排在一起 □ 特殊音色乐器安排在一起 □ 特殊演奏法乐器安排在一起 □ 其他＿＿＿＿＿＿＿＿＿＿＿＿＿＿＿＿＿＿
	有动作参与的音乐欣赏活动	□ 教师合理选择队形 □ 活动空间狭小时轮流进行活动 □ 教师帮助幼儿学习与他人共享有限的空间 □ 教师帮助幼儿学习相互配合 □ 教师有意识有计划地向幼儿提供机会，帮助幼儿学习最大化利用有限空间 □ 教师帮助幼儿学习通过改变动作姿势、幅度、方向、速度避免相互干扰 □ 其他＿＿＿＿＿＿＿＿＿＿＿＿＿＿＿＿＿＿
个案观察		
反思与建议		

单元四：集体艺术教学活动评价

幼儿园：　　　　　　班级：　　　　　　日期：

活动 基础	☐ 符合幼儿发展水平 ☐ 符合幼儿已有经验 ☐ 其他_____
活动 目标	☐ 活动目标与单元目标紧密联系 ☐ 活动目标与总目标紧密联系 ☐ 活动目标符合本班幼儿实际情况 ☐ 活动目标兼顾了认知、技能、情感等方面的要求 ☐ 其他_____
活动 材料	☐ 活动材料的选择支持活动目标的达成 ☐ 活动材料数量充足 ☐ 活动材料耐用，质量有保证，安全 ☐ 活动材料得到有效利用 ☐ 其他_____
活动 过程	☐ 教师精神状态饱满，对教学充满热情 ☐ 教师对幼儿态度亲切、自然 ☐ 教师讲解示范具有吸引力 ☐ 教师能有效调动和保持幼儿参与的积极性、主动性 ☐ 教师有条不紊地执行活动计划 ☐ 教学过程紧贴教学目标 ☐ 教师能够灵活地根据幼儿实际情况调整活动目标和计划 ☐ 教学过程中活动重点、难点突出 ☐ 活动组织环节合理，过程顺畅 ☐ 教师讲解示范准确、熟练、清晰，能被大多数幼儿接受 ☐ 教师能够熟练利用角色变化引导幼儿学习 ☐ 教师能够有效激发幼儿独立思考、有效激发幼儿创造性 ☐ 教师能够给幼儿适时、适度的帮助 ☐ 教师能够针对幼儿个别差异进行指导 ☐ 教师能够引导或指导幼儿参与对他人或自己的评价 ☐ 幼儿情绪振奋、愉快、轻松自然 ☐ 幼儿注意力集中 ☐ 幼儿积极主动参与活动 ☐ 大部分幼儿掌握活动预期的知识、技能 ☐ 其他_____ _____

续　表

活动内容	☐ 活动内容的选择与教育目标相符 ☐ 活动内容支持活动目标的达成 ☐ 活动内容符合幼儿发展水平 ☐ 活动内容具有审美和艺术价值 ☐ 教师熟悉活动内容 ☐ 其他＿＿＿＿＿＿＿＿＿＿＿＿＿＿＿＿＿
评价方式	☐ 自我评价　　　☐ 同行评价　　　☐ 书面评价 ☐ 口头评价　　　☐ 全面评价　　　☐ 重点评价 ☐ 独立片段评价　☐ 连续评价 ☐ 其他＿＿＿＿＿＿＿＿＿＿＿＿＿＿＿＿＿
评价原则	☐ 诊断性原则　　☐ 针对性原则　　☐ 建设性原则 ☐ 客观性原则　　☐ 多角度原则　　☐ 多方法原则 ☐ 多主体原则　　☐ 重过程原则　　☐ 重参与原则 ☐ 评价与指导相结合原则 ☐ 其他＿＿＿＿＿＿＿＿＿＿＿＿＿＿＿＿＿
教师对幼儿评价	☐ 差异性评价　　　　　　☐ 发展性评价 ☐ 引导性评价　　　　　　☐ 激励性评价 ☐ 不做"想当然"的评价　　☐ 不做"一刀切"的评价 ☐ 不做有损幼儿自尊和人格的评价 ☐ 其他＿＿＿＿＿＿＿＿＿＿＿＿＿＿＿＿＿
教师引导幼儿自我评价	☐ 给予幼儿自我评价的机会 ☐ 鼓励幼儿进行自我评价 ☐ 帮助幼儿获得自我评价的积极体验 ☐ 引导幼儿多角度评价 ☐ 其他＿＿＿＿＿＿＿＿＿＿＿＿＿＿＿＿＿
个案观察	
反思与建议	

单元五：集体歌唱教学艺术表现力与教学内容

幼儿园：　　　　　　　　班级：　　　　　　　　日期：

教师发展幼儿嗓音艺术表现力	☐ 帮助幼儿找到正确共鸣位置 ☐ 帮助幼儿发出自然美好的声音 ☐ 引导幼儿合理使用嗓音 ☐ 引导幼儿用歌唱的方式合理进行情感表达 ☐ 采用"轻声入手"的教学方式 ☐ 引导幼儿从高音区开始逐渐向下唱 ☐ 幼儿咬字、吐字准确到位和恰到好处 ☐ 引导幼儿合理控制气息 ☐ 其他＿＿＿＿＿＿＿＿＿＿＿＿＿＿＿＿＿＿＿＿
歌唱活动教学内容	☐ 儿歌　　　　　　☐ 童谣　　　　　　☐ 节奏朗诵 ☐ 幼儿即兴发挥创作的歌谣 ☐ 其他＿＿＿＿＿＿＿＿＿＿＿＿＿＿＿＿＿＿＿＿
歌唱表现形式	☐ 独唱　　　　　　☐ 齐唱　　　　　　☐ 接唱 ☐ 对唱　　　　　　☐ 轮唱　　　　　　☐ 合唱 ☐ 歌剧表演　　　　☐ 领唱齐唱 ☐ 其他＿＿＿＿＿＿＿＿＿＿＿＿＿＿＿＿＿＿＿＿
幼儿掌握歌唱简单技能知识	☐ 正确的歌唱姿势：身体正直，两眼平视，两臂自然下垂等 ☐ 正确的发声方法：下巴自然放松，嘴巴自然张开等 ☐ 正确的呼吸方法：自然呼吸，均匀用气，吸气时不耸肩等 ☐ 正确的演唱技能：轻松自如地演唱，自然恰当地运用声音表情、面部表情以及身体动作表情，不故意做作等 ☐ 正确、默契的合作技能：注意倾听自己和他人的歌声，与他人和谐配合，体态动作表情交流方面和谐等 ☐ 其他＿＿＿＿＿＿＿＿＿＿＿＿＿＿＿＿＿＿＿＿
幼儿掌握嗓音知识技能	☐ 不长时间大喊大叫或歌唱 ☐ 不在剧烈运动时大声叫喊或歌唱 ☐ 不在空气污浊的环境中歌唱 ☐ 不迎着风歌唱 ☐ 不在伤风感冒、咽喉发炎时歌唱 ☐ 歌唱时注意保持身体、心情舒适状态 ☐ 歌唱时注意保持表情、嗓音舒适状态 ☐ 感到不舒服时暂停、休息或自我调整等 ☐ 其他＿＿＿＿＿＿＿＿＿＿＿＿＿＿＿＿＿＿＿＿

续　表

| 个案观察 | | |

单元六: 集体歌唱教学活动材料选择与教学导入

幼儿园:　　　　　　　班级:　　　　　　　　日期:

歌词的选择	☐ 歌词内容具有童趣 ☐ 歌词内容易于理解 ☐ 歌词内容利于记忆 ☐ 歌词富有形式美 ☐ 歌词富有内容美 ☐ 歌词形式适合用动作表现 ☐ 歌词内容适合用动作表现 ☐ 其他＿＿＿＿＿＿＿＿＿＿＿＿＿＿＿＿＿＿＿＿＿＿＿＿＿＿＿＿＿ ＿＿＿＿＿＿＿＿＿＿＿＿＿＿＿＿＿＿＿＿＿＿＿＿＿＿＿＿＿＿＿＿
曲调的选择	☐ 音域较狭窄 ☐ 节奏较简单 ☐ 旋律较平稳 ☐ 结构较短小 ☐ 结构较工整 ☐ 词曲关系较单纯 ☐ 其他＿＿＿＿＿＿＿＿＿＿＿＿＿＿＿＿＿＿＿＿＿＿＿＿＿＿＿＿＿ ＿＿＿＿＿＿＿＿＿＿＿＿＿＿＿＿＿＿＿＿＿＿＿＿＿＿＿＿＿＿＿＿
从动作开始	☐ 教师提出并直接展示一种或一套简单有趣的动作或动作游戏,幼儿对教师提供的动作进行模仿或游戏的时候,教师同时开始演唱或播放新歌 ☐ 教师提出某种形象或活动,指导幼儿用自己创造出来的动作进行表现 ☐ 对于词曲难度较大的歌曲,教师直接进行展示或引导幼儿创编一套伴随歌词朗诵进行的动作或动作游戏 ☐ 其他＿＿＿＿＿＿＿＿＿＿＿＿＿＿＿＿＿＿＿＿＿＿＿＿＿＿＿＿＿
从歌词创编开始	☐ 教师直接提供新歌歌词,并用边演唱边做动作的表演方式引发幼儿的兴趣和帮助幼儿理解、记忆歌词 ☐ 教师提供某种情境,引导幼儿用语言表达这种情景,教师将幼儿提出的语言组织成歌词并演唱 ☐ 其他＿＿＿＿＿＿＿＿＿＿＿＿＿＿＿＿＿＿＿＿＿＿＿＿＿＿＿＿＿ ＿＿＿＿＿＿＿＿＿＿＿＿＿＿＿＿＿＿＿＿＿＿＿＿＿＿＿＿＿＿＿＿

从情景表演开始	□ 教师表演用动作象征性地表述全部歌词内容 □ 教师事先邀请个别幼儿准备好一套表演,该表演象征性地提示歌词主要内容或表述了全部歌词 □ 教师临时邀请个别幼儿配合教师做一套表演,该表演象征性地提示歌词主要内容或表述了全部歌词 □ 其他＿＿＿＿＿＿＿＿＿＿＿＿＿＿＿＿＿＿＿＿＿＿＿＿＿
从歌词朗诵开始	□ 将歌词单独分离出来,用教儿歌或者诗歌的教学方法进行教学,避免同时学习词和曲带来的困难 □ 幼儿注意力有效集中在歌词的音韵节奏等方面 □ 幼儿注意力有效集中在曲调和词曲关系上 □ 其他＿＿＿＿＿＿＿＿＿＿＿＿＿＿＿＿＿＿＿＿＿＿＿＿＿
从游戏开始	□ 有效吸引幼儿注意力 □ 幼儿感兴趣 □ 其他＿＿＿＿＿＿＿＿＿＿＿＿＿＿＿＿＿＿＿＿＿＿＿＿＿
从填充式参与开始	□ 教师示范歌曲时幼儿用朗诵或歌唱的方式参与 □ 幼儿积极主动参与不断重复的部分 □ 其他＿＿＿＿＿＿＿＿＿＿＿＿＿＿＿＿＿＿＿＿＿＿＿＿＿
从副歌开始	□ 副歌容易理解,容易激发情绪,容易记忆 □ 幼儿已经学会副歌,在教师示范唱整首歌曲时邀请幼儿用演唱副歌的方式参与 □ 其他＿＿＿＿＿＿＿＿＿＿＿＿＿＿＿＿＿＿＿＿＿＿＿＿＿
从无意义音节玩唱开始	□ 为年龄较小幼儿设计,作为新歌学习导入步骤,安排在幼儿第一次接触新歌的时候 □ 为年龄较大幼儿设计,作为对新歌的表演处理,安排在比较靠后的部位 □ 其他＿＿＿＿＿＿＿＿＿＿＿＿＿＿＿＿＿＿＿＿＿＿＿＿＿
从直观形象开始	□ 顺序突出　　　　　□ 重点突出 □ 关系突出　　　　　□ 结构突出 □ 情节突出 □ 其他＿＿＿＿＿＿＿＿＿＿＿＿＿＿＿＿＿＿＿＿＿＿＿＿＿

请详细记录一个集体歌唱教学活动。

活动名称：

活动目标：

活动准备：

活动过程：

活动延伸：

活动评价：

单元七：创造性歌唱教学

幼儿园：＿＿＿＿＿　　班级：＿＿＿＿＿　　　　日期：＿＿＿＿＿

	☐ 针对本班幼儿实际情况做好创编要求和程序设计 ☐ 歌曲简单、重复，适合幼儿创编 ☐ 只教授一段歌词作为创编的样板 ☐ 有良好的创造氛围和审美氛围 ☐ 创编活动中幼儿参与程度较好 ☐ 把握好创编时间段的长短，使幼儿始终保持较高积极性 ☐ 减少等待或游离活动边缘的幼儿 ☐ 允许小组讨论、协商共同创编 ☐ 其他＿＿＿＿＿＿＿＿＿＿＿＿＿＿＿＿＿＿＿＿＿	
新歌词创编	小 班	☐ 歌曲音域在六度以内 ☐ 词曲的结合方式应一字对一音 ☐ 曲调的节奏一般为二分、四分、八分为主 ☐ 每个乐句在长度上一般相等 ☐ 整首歌曲的长度一般不超过八小节 ☐ 歌曲的旋律、节奏、歌词含有较多重复成分 ☐ 每段只含一种形象或动作 ☐ 歌词中所含词汇多为名词、动词或象声词 ☐ 创编时只需幼儿用少数"替换词"来替代原歌词中相应位置上的词汇 ☐ 句子结构相对简单 ☐ 教师鼓励幼儿积极参与 ☐ 其他＿＿＿＿＿＿＿＿＿＿＿＿＿＿＿＿＿＿
	中 班	☐ 歌曲音域在七到八度之间 ☐ 有少量附点音符和十六分音符 ☐ 有少量一字两音甚至一字多音情况 ☐ 句子结构相对小班复杂一些 ☐ 围绕一首儿歌创编的程度适中 ☐ 其他＿＿＿＿＿＿＿＿＿＿＿＿＿＿＿
	大 班	☐ 材料选择和学习比中班稍难 ☐ 歌词和曲调教授扎实 ☐ 逐步增加合作性创编，培养合作能力 ☐ 逐步加快编唱速度 ☐ 逐步提高编唱独立性 ☐ 其他＿＿＿＿＿＿＿＿＿＿＿＿＿＿＿

续　表

表演动作创编	☐ 区别对待即兴创编活动与引导创编活动 ☐ 以幼儿意见为主,鼓励幼儿积极主动参加创编活动 ☐ 区别对待结构性动作、情节性动作、情感性动作 ☐ 创编活动中创编数量以"够用"为限度 ☐ 以多种方式拓展幼儿创编思路 ☐ 逐步增加合作性创编,培养合作能力 ☐ 其他＿＿＿＿＿＿＿＿＿＿＿＿＿＿＿＿＿
即兴歌唱说话类型	☐ 近似旋律歌唱 ☐ 同音歌唱 ☐ 置换词曲 ☐ 即兴歌唱 ☐ 教师为幼儿创造一个宽松自由的活动气氛 ☐ 其他＿＿＿＿＿＿＿＿＿＿＿＿＿＿＿＿＿ ＿＿＿＿＿＿＿＿＿＿＿＿＿＿＿＿＿＿＿＿＿
处理歌曲的演唱表情和演唱形式	☐ 教师有意识地向幼儿提供榜样,帮助幼儿积累经验 ☐ 教师对幼儿各种独特的处理做出积极反应 ☐ 教师不轻易否定幼儿的意见 ☐ 教师鼓励幼儿独立完成 ☐ 其他＿＿＿＿＿＿＿＿＿＿＿＿＿＿＿＿＿ ＿＿＿＿＿＿＿＿＿＿＿＿＿＿＿＿＿＿＿＿＿

请详细记录一个创造性歌唱教学活动。

活动名称:

活动目标:

活动准备:

活动过程:

活动延伸:

活动评价:

单元八：幼儿动作表演

幼儿园：　　　　　　　　班级：　　　　　　　　日期：

动作协调性	☐ 创造轻松自由的学习氛围 ☐ 循序渐进的动作学习程序 ☐ 采用幼儿舒适的进度逐步加快速度 ☐ 从幼儿自然动作开始过渡 ☐ 不适宜分解学习的动作采用"拖"的方法，等待幼儿自然成长 ☐ 其他＿＿＿＿＿＿＿＿＿＿＿＿＿＿＿＿＿＿＿＿
动作随乐性	☐ 让幼儿边做边唱 ☐ 让幼儿有机会跟随比较熟悉的音乐做动作 ☐ 用哼唱或弹奏的曲调跟随幼儿动作过程 ☐ 让幼儿注意动作与音乐情绪协调 ☐ 让幼儿注意动作与音乐风格协调 ☐ 让幼儿注意动作与音乐结构协调 ☐ 动作组合有整体美感 ☐ 动作组合便于幼儿记忆 ☐ 动作组合便于幼儿表现 ☐ 其他＿＿＿＿＿＿＿＿＿＿＿＿＿＿＿＿＿＿＿＿
动作表现性	☐ 让幼儿有机会看到由其他幼儿或教师提供的动作表现范例 ☐ 让幼儿有机会观察各种事物及其运动状态 ☐ 幼儿有机会用动作模仿各种事物及其运动状态 ☐ 让幼儿有机会在美术作品激发下进行动作表现 ☐ 让幼儿有机会在文学作品激发下进行动作表现 ☐ 其他＿＿＿＿＿＿＿＿＿＿＿＿＿＿＿＿＿＿＿＿
个案观察	
反思与建议	

单元九：韵律教学活动

幼儿园：　　　　　　　班级：　　　　　　　日期：

韵律 动作	☐ 基本动作：走、跑、跳、摇、点头、击掌、抓握、弯腰等 ☐ 模仿动作：模仿成人活动动作、模仿日常活动动作 ☐ 舞蹈动作 ☐ 其他＿＿＿＿＿＿＿＿＿＿＿＿＿＿＿＿＿＿＿＿＿	
韵律 动作 组合	☐ 身体节奏动作组合 ☐ 律动模仿动作组合 ☐ 表演舞组合 ☐ 集体舞组合 ☐ 自娱舞组合 ☐ 其他＿＿＿＿＿＿＿＿＿＿＿＿＿＿＿＿＿＿＿＿＿	
韵律 活动 表演 形式	☐ 独舞　　　　　　　　☐ 双人舞 ☐ 群舞　　　　　　　　☐ 领舞群 ☐ 其他＿＿＿＿＿＿＿＿＿＿＿＿＿＿＿＿＿＿＿＿＿	
教师 教授 的韵 律活 动简 单知 识技 能	动作 知识 技能	☐ 身体部位运动方式 ☐ 身体部位运动方向 ☐ 重心控制 ☐ 参与运动各身体部位配合 ☐ 其他＿＿＿＿＿＿＿＿＿＿＿＿＿＿＿＿＿
	变化 动作 知识 技能	☐ 控制变化动作幅度 ☐ 控制动作力度 ☐ 控制动作节奏 ☐ 变化动作姿势 ☐ 其他＿＿＿＿＿＿＿＿＿＿＿＿＿＿＿＿＿
	组织 动作 知识 技能	☐ 按情节内容组织 ☐ 按身体部位某种秩序组织 ☐ 按音乐重复与变化规律组织 ☐ 按对称原则组织 ☐ 按主题动作组织 ☐ 其他＿＿＿＿＿＿＿＿＿＿＿＿＿＿＿＿＿

韵律活动常规	活动开始和结束常规	☐ 听音乐信号起立或坐下 ☐ 听音乐信号开始活动或结束活动 ☐ 在没有特殊要求的情况下活动后幼儿自己找空位子就座 ☐ 活动结束时幼儿自己收拾道具和整理场地 ☐ 其他＿＿＿＿＿＿＿＿＿＿＿＿＿＿＿
	活动进行常规	☐ 在规定的范围内活动 ☐ 在没有队形要求的情况下找比较空的地方活动 ☐ 在自由移动的情况下不与他人或场内障碍物相撞 ☐ 在自由结伴的活动中热情而又节制地与舞伴交流、合作 ☐ 在自由律动过程中尊重他人的学习速度和表达意愿 ☐ 在集体舞蹈过程中安静倾听教师讲解 ☐ 在集体舞蹈过程中独立思考教师讲解 ☐ 其他＿＿＿＿＿＿＿＿＿＿＿＿＿＿＿
韵律活动材料选择	音乐	☐ 选择节奏清晰的音乐　　☐ 选择结构工整的音乐 ☐ 选择旋律优美的音乐　　☐ 选择形象鲜明的音乐 ☐ 选择不同节奏的音乐　　☐ 选择不同性质的音乐 ☐ 选择不同风格的音乐　　☐ 音乐速度的选择 ☐ 其他＿＿＿＿＿＿＿＿＿＿＿＿＿＿＿
	道具	☐ 增加活动趣味性 ☐ 扩大动作表现力 ☐ 增强幼儿美感 ☐ 引发和丰富幼儿想象力与联想力 ☐ 培养幼儿创新能力 ☐ 其他＿＿＿＿＿＿＿＿＿＿＿＿＿＿＿
韵律教学活动导入		☐ 从观察开始的活动设计 ☐ 从回忆开始的活动设计 ☐ 从基本动作学习开始的活动设计 ☐ 从基本动作复习开始的活动设计 ☐ 从队形新授开始的活动设计 ☐ 从队形复习开始的活动设计 ☐ 从舞蹈动作开始的活动设计 ☐ 从游戏开始的活动设计 ☐ 从故事开始的活动设计 ☐ 从音乐欣赏开始的活动设计 ☐ 其他＿＿＿＿＿＿＿＿＿＿＿＿＿＿＿

续　表

个案观察	
反思与建议	

单元十：创造性律动教学与集体舞蹈教学

幼儿园：　　　　　　　　　　班级：　　　　　　　　　　日期：

创造性律动教学活动内容	☐ 学习达尔克洛兹体态律动、奥尔夫音乐等 ☐ 幼儿自发的表演游戏或教学活动创造性表达 ☐ 观摩或参与社区群众业余文艺实践活动 ☐ 其他＿＿＿＿＿＿＿＿＿＿＿＿＿＿＿＿＿＿＿
集体舞蹈教学活动对幼儿产生的影响	☐ 促进幼儿社会交往意识及能力发展 ☐ 促进幼儿合作意识及能力发展 ☐ 促进幼儿团队意识及能力发展 ☐ 幼儿体验集体共同舞蹈的快乐 ☐ 促进幼儿积极生活态度及能力发展 ☐ 美化幼儿生活 ☐ 幼儿认识身体在立体空间的规律变化 ☐ 增强幼儿对舞蹈动作的敏感性 ☐ 增强幼儿对队形结构中数学规律的敏感性 ☐ 通过愉悦的活动锻炼身体，增进幼儿身心健康 ☐ 其他＿＿＿＿＿＿＿＿＿＿＿＿＿＿＿＿＿＿＿

请详细记录一个集体韵律教学活动。

活动名称：

活动目标：

活动准备：

活动过程：

活动延伸：

活动评价：

单元十一：幼儿乐器演奏的艺术表现力

幼儿园：　　　　　　　　　班级：　　　　　　　　日期：

舒适有效的演奏	☐ 选择合适的乐器和演奏方式　　　　　　　☐ 选择合适的空间安排 ☐ 选择站在全体幼儿都看得见的地方　　　☐ 选择合适的练习速度 ☐ 采用明晰、准确的指挥暗示　　　　　　　☐ 动作单纯清晰 ☐ 在声部转换之前将自己的头和目光转向下一个将要演奏的声部 ☐ 不使用击画节拍法而使用击打节奏型法 ☐ 创造愉快、轻松、舒适的演奏气氛 ☐ 幼儿在学习过程中出现掌握困难时，教师不急躁，放慢速度，耐心指导 ☐ 幼儿出现注意力涣散或过度兴奋状态时不指责，设法激励、安慰 ☐ 运用目光扫视法，将自己的愉快心情不断传递给幼儿 ☐ 其他＿＿＿＿＿＿＿＿＿＿＿＿＿＿＿＿＿＿＿＿＿＿＿＿＿
有表现力的演奏	☐ 提供有表现力的伴奏音乐　　　　　　　　☐ 传授有关的演奏技能 ☐ 采用富于感染力的示范、讲解、指令和指挥暗示 ☐ 调试演奏时的兴奋状态 ☐ 其他＿＿＿＿＿＿＿＿＿＿＿＿＿＿＿＿＿＿＿＿＿＿＿＿＿
准确流畅的演奏	☐ 选择节奏明晰的伴奏音乐 ☐ 培养相互倾听、相互配合的良好习惯 ☐ 运用合适的"变通乐谱"作辅助工具 ☐ 创造适度紧张的演奏氛围 ☐ 运用准确的示范、讲解、指令和指挥暗示 ☐ 其他＿＿＿＿＿＿＿＿＿＿＿＿＿＿＿＿＿＿＿＿＿＿＿＿＿
个案观察	
反思与建议	

单元十二：打击乐器演奏活动的教学内容

幼儿园：　　　　　　　　班级：　　　　　　　　日期：

打击乐器演奏的简单知识技能	乐器	☐ 教师用自然协调的动作演奏 ☐ 教师奏出适中的音量和美好的音色 ☐ 幼儿注意倾听音乐和他人的演奏，并使自己的演奏与整体音响相协调 ☐ 其他＿＿＿＿＿＿＿＿＿＿＿＿＿＿＿＿＿＿＿＿＿＿＿
	配器	☐ 教师知道如何按音色给乐器分类 ☐ 教师知道如何利用乐器的搭配制造某种特定的音响效果 ☐ 教师知道如何通过集体讨论等方法，为指定的歌曲或乐曲选配合适的节奏类型及音色安排方案 ☐ 其他＿＿＿＿＿＿＿＿＿＿＿＿＿＿＿＿＿＿＿＿＿＿＿
	指挥	☐ 教师知道如何用动作表示"准备"、"开始"和"结束"，并使自己的动作清楚、明确，易于让被指挥者作出反应 ☐ 教师知道在指挥时身体倾向于被指挥者，用眼睛注视被指挥者，用体态和表情激起被指挥者的合作热情 ☐ 教师知道如何用指挥动作表现节奏和音乐的变化，使自己的动作和音乐协调一致 ☐ 其他＿＿＿＿＿＿＿＿＿＿＿＿＿＿＿＿＿＿＿＿＿＿＿
打击乐器演奏的常规	活动开始与结束	☐ 听音乐的信号整齐地将乐器从座椅下面取出或放回 ☐ 乐器拿出后，不演奏时须将乐器放在腿上，不发出声音，眼睛也不看乐器 ☐ 开始演奏前和演奏结束后，都按照指挥者的手势做出整齐动作 ☐ 活动结束后自己收拾乐器和整理场地 ☐ 其他＿＿＿＿＿＿＿＿＿＿＿＿＿＿＿＿＿＿＿＿＿＿＿ ＿＿＿＿＿＿＿＿＿＿＿＿＿＿＿＿＿＿＿＿＿＿＿＿＿
	活动进行	☐ 演奏时身体倾向指挥者，眼睛注视指挥者，积极与之交流 ☐ 演奏时注意倾听音乐和他人的演奏 ☐ 演奏时注意力集中，不做与演奏无关的事情 ☐ 交换乐器时，先将原来使用的乐器放在座椅上，再迅速无声地找到新的座位，拿起新乐器，坐下后把新乐器放在腿上做好演奏准备 ☐ 其他＿＿＿＿＿＿＿＿＿＿＿＿＿＿＿＿＿＿＿＿＿＿＿ ＿＿＿＿＿＿＿＿＿＿＿＿＿＿＿＿＿＿＿＿＿＿＿＿＿

单元十三：打击乐器演奏活动的材料选择

幼儿园：　　　　　　　　　班级：　　　　　　　　　日期：

乐器	□ 音色好　　　　　　　　　　　　　　　□ 大小及重量适合于幼儿 □ 演奏的方法适于不同年龄幼儿运动能力的发展 □ 其他＿＿＿＿＿＿＿＿＿＿＿		
音乐	□ 幼儿比较熟悉的歌曲或韵律活动的音乐 □ 节奏清晰，旋律优美，形象鲜明 □ 结构可为一段体、两段体或三段体 □ 有鲜明、规律的对比因素，即乐句与乐句或乐段与乐段间存在较明显的差异 □ 其他＿＿＿＿＿＿＿＿＿＿＿		
配器方案	配器方案特点	□ 适合幼儿使用　　　　　　　　□ 适合幼儿对变化做出反应 □ 有一定的艺术性，配器产生的音响效果能够与音乐原来的情绪风格相一致 □ 配器产生的音响效果既富于新鲜趣味性又具有统一美感 □ 其他＿＿＿＿＿＿＿＿＿＿＿	
	配器编配步骤	□ 熟悉音乐，对音乐进行反复倾听、哼唱、体验 □ 揣摩音乐的情绪、风格、趣味，分析音乐节奏，结构特点 □ 安排节奏与音乐布局　　　□ 试奏与调整　　　□ 记谱与转换乐谱 □ 其他＿＿＿＿＿＿＿＿＿＿＿	
	变通总谱①设计	□ 动作总谱，即用身体动作表现配器方案 □ 图形总谱，即用形状和色彩表现配器方案 □ 语音总谱，即用噪声表现配器方案 □ 其他＿＿＿＿＿＿＿＿＿＿＿	
个案观察			
反思与建议			

---

① "变通总谱"是为了解决使用总谱会增加幼儿认识负担，减少其感知音乐的乐趣，但若不用又会增添其记忆负担的问题，而被创造出来的。

单元十四：打击乐器演奏整体教学法

幼儿园：　　　　　　　　班级：　　　　　　　　日期：

先整体后分部程序	☐ 导入，引起兴趣 ☐ 欣赏或进行简单的身体节奏活动 ☐ 模仿学习变通总谱，或在教师指导下参与创作变通总谱的基本内容 ☐ 进行分声部的徒手练习 ☐ 在教师的指挥下进入多声部乐器合奏练习 ☐ 个别幼儿学习指挥，集体练习合奏 ☐ 改进练习，根据需要将特色乐器添加到乐队中 ☐ 其他_____
累加程序①	☐ 与先整体后分部的程序相同 ☐ 模仿学习或创作一个比较有特色、复杂有独立性的声部 ☐ 在熟练掌握该声部的基础上，将其他具有伴奏性质的声部，用"先整体后分部"的程序学习掌握，最后将伴奏声部累加到独奏声部上去 ☐ 其他_____

请描述一个打击乐器演奏活动并分析其特点。

---

① "累加程序"适用于各声部有一定的独立性或至少有一个声部与其他声部间没有交错进行关系，整体音响较复杂的作品。

单元十五：打击乐器新作品教学导入设计

幼儿园：　　　　　　　　班级：　　　　　　　　日期：

☐ 从总谱学习开始　　　　　　　☐ 从总谱创编开始
☐ 从主要声部学习开始　　　　　☐ 从主要声部创编开始
☐ 从音乐欣赏开始　　　　　　　☐ 从故事开始
☐ 从韵律活动开始　　　　　　　☐ 从歌唱开始
☐ 其他_____

请描述一个打击乐器教学活动，并分析其特点。

单元十六：探索性打击乐器演奏教学

幼儿园：　　　　　　　　班级：　　　　　　　　日期：

从乐器入手的探索活动	探索同一物体	☐ 鼓励幼儿用不同方式使物体发声 ☐ 鼓励并指导幼儿用自己喜欢的方式准确描述自己的发现 ☐ 在幼儿遇到困难时给予适时适当的帮助 ☐ 其他＿＿＿＿＿＿＿＿＿＿＿＿＿＿＿＿＿＿＿＿＿＿＿ ＿＿＿＿＿＿＿＿＿＿＿＿＿＿＿＿＿＿＿＿＿＿＿＿＿
	探索不同物体	☐ 鼓励幼儿探索乐器　　　　　　　☐ 鼓励幼儿探索周边的各种物体 ☐ 引导幼儿收集各种乐器及相关资料 ☐ 鼓励并指导幼儿研究怎样制作自己的乐器 ☐ 其他＿＿＿＿＿＿＿＿＿＿＿＿＿＿＿＿＿＿＿＿＿＿＿
从音乐入手的探索活动	探索节奏型	☐ 组织幼儿做节奏型即兴"创编—模仿"游戏或做节奏型"即兴对话"游戏 ☐ 鼓励幼儿创编最简单的节奏 ☐ 其他＿＿＿＿＿＿＿＿＿＿＿＿＿＿＿＿＿＿＿＿＿＿＿
	探索乐句和乐段的节奏型	☐ 通过引导幼儿体验现成打击乐器作品的演奏学习,逐步积累节奏型和音乐的重复变化,以及乐句、乐段的组织结构相互匹配的感性经验 ☐ 通过引导幼儿为结构清晰的歌曲或乐曲配器的活动,关注乐句和乐段组织结构的规律,体验节奏型和音色的重复变化怎样与乐句、乐段的组织结构相互匹配 ☐ 通过观察幼儿自主自发的乐器演奏活动和教师提供的即兴乐器演奏活动,随时了解幼儿在结构感方面发展的情况,根据幼儿的实际发展提供更好的教学设计活动 ☐ 其他＿＿＿＿＿＿＿＿＿＿＿＿＿＿＿＿＿＿＿＿＿＿＿
自主小乐队的探索活动		☐ 经常注意观察幼儿在合作中发生的矛盾以及如何尝试解决矛盾或放弃解决矛盾并给予必要帮助 ☐ 在区角活动的现场,介入幼儿解决问题的尝试之中 ☐ 帮助幼儿反思经验或教训 ☐ 其他＿＿＿＿＿＿＿＿＿＿＿＿＿＿＿＿＿＿＿＿＿＿＿

单元十七：集体音乐欣赏教学

幼儿园：　　　　　　　班级：　　　　　　　日期：

幼儿欣赏音乐能力		□ 为幼儿选择较好的音乐作品 □ 让幼儿直接与音乐大师对话，尽早发展幼儿对优秀音乐的敏感性 □ 选择较好的音乐音响 □ 引导幼儿较好地感知音乐 □ 引导幼儿使用不同的符号体系来表达音乐感受 □ 有意识地引导幼儿倾听、感知周围世界中的声音 □ 将倾听和表演的教学方式有机地结合起来 □ 其他_____
音乐欣赏材料选择	音乐作品	□ 作品符合教育的要求 □ 作品的内容、形式、风格丰富多样 □ 作品比例结构合理 □ 作品符合幼儿感知理解音乐的水平 □ 其他_____
	辅助材料　动作材料	□ 选择大多数幼儿能够自然做出的动作 □ 幼儿有机会自己选择动作，独立地对音乐做出反应 □ 考虑动作反应的性质，不是考虑具体的动作 □ 其他_____
	辅助材料　语言材料	□ 从音乐出发，与音乐欣赏的要求一致 □ 语言优美，文学性强，能被幼儿理解与喜爱 □ 幼儿有机会自己选择语言，并独立地对音乐做出反应 □ 教师按音乐欣赏的要求划定大致的范围 □ 其他_____
	辅助材料　视觉材料	□ 从音乐出发，与音乐欣赏的要求一致 □ 形象具体 □ 形象生动有个性，艺术感染力强 □ 能为幼儿所理解与喜爱 □ 制作、购买的材料经济 □ 其他_____

教学 导入 设计	☐ 从完整作品开始的导入设计 ☐ 从作品某个部分开始的导入设计 ☐ 从某种辅助性材料开始的导入设计 ☐ 其他_____	
其他 表演 艺术 欣赏	☐ 舞蹈欣赏 ☐ 曲艺欣赏 ☐ 歌舞剧欣赏 ☐ 其他戏曲欣赏 ☐ 其他_____	☐ 哑剧欣赏 ☐ 艺术欣赏 ☐ 木偶剧欣赏 ☐ 影视作品欣赏

请描述一个音乐欣赏教学活动并分析其特点。

单元十八：集体戏剧教学活动

幼儿园：　　　　　　　　班级：　　　　　　　　日期：

类 型	建构性的集体戏剧教学活动	☐ 尊重幼儿的兴趣和意愿 ☐ 尊重幼儿的参与决定权 ☐ 以幼儿现有能力为基础 ☐ 尊重幼儿的评价权 ☐ 尊重幼儿的提问权 ☐ 尊重幼儿的讨论权 ☐ 尊重幼儿的反思权 ☐ 其他_____
	设计的集体戏剧教学活动	☐ 故事表演游戏活动 ☐ 节日表演戏剧活动 ☐ 心理康复戏剧活动 ☐ 综合主题活动中的戏剧活动 ☐ 社会角色游戏中的自发戏剧活动 ☐ 其他_____

请记录并分析一个集体戏剧教学活动。

活动名称：

活动目标：

活动准备：

活动过程：

活动评价：

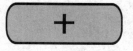

学前儿童美术教育篇

致 读 者

　　每个幼儿心里都有一颗美的种子。幼儿艺术领域学习的关键在于充分创造条件和机会,在大自然和社会文化生活中萌发幼儿对美的感受和体验,丰富其想象力和创造力,引导幼儿学会用心灵去感受和发现美,用自己的方式去表现和创造美。

　　幼儿对事物的感受和理解不同于成人,他们表达自己认识和情感的方式也有别于成人。幼儿独特的笔触、动作和语言往往蕴含着丰富的想象和情感,成人应对幼儿的艺术表现给予充分的理解和尊重,不能用自己的审美标准去评判幼儿,更不能为追求结果的"完美"而对幼儿进行千篇一律的训练,以免扼杀其想象与创造的萌芽。

　　本篇以《3-6岁儿童学习与发展指南》为指导思想,立足于幼儿教育实践,吸收国内外学前儿童美术教育研究者的最新研究成果,力求体现应用性特色。力图以浅显的语言反映幼儿园美术教育教学行为,旨在帮助学生在教育见习、实习中树立正确的学前儿童美术能力发展观和教育观。

　　本篇共有5个单元,主要有以下内容:幼儿美术教育的任务与指导原则、幼儿绘画活动、幼儿手工活动、幼儿美术欣赏活动、幼儿园环境创设等。本篇的编写主要参考了郭亦勤主编的《学前儿童艺术教育活动指导》等多部教材,在此表示感谢。

主编

单元一：幼儿美术教育的任务与指导原则

幼儿园：　　　　　　　班级：　　　　　　　　　　　日期：

任务	☐ 使幼儿喜爱美术活动 ☐ 丰富幼儿美术实践经验 ☐ 初步培养幼儿审美意识及能力 ☐ 发挥美术教育情感功能 ☐ 促进幼儿健全人格的形成 ☐ 其他＿＿＿＿＿＿＿＿＿＿＿＿＿＿＿＿＿＿
指导原则	☐ 突出游戏因素地位 ☐ 重视生活因素地位 ☐ 强调创造因素作用 ☐ 恰当处理操作因素与艺术因素的关系 ☐ 其他＿＿＿＿＿＿＿＿＿＿＿＿＿＿＿＿＿＿
个案观察	
反思与建议	

单元二：幼儿绘画活动

幼儿园：　　　　　　　　班级：　　　　　　　　日期：

分类	□ 折纸添画　　　□ 棉签画　　　　□ 指点画 □ 印章画　　　　□ 彩色水笔画　　□ 蜡笔画 □ 油画棒画　　　□ 彩色铅笔画　　□ 蜡染画 □ 水墨画　　　　□ 纸版画　　　　□ 水彩、水粉画 □ 喷洒印画 □ 其他_____

按题材内容形式划分	命题画	物体画	□ 调动幼儿的兴趣和主动性 □ 引导幼儿认真观察，把握物体基本特征 □ 通过示范讲解，让幼儿掌握物体画的基本方法 □ 多采用鼓励的方法 □ 采用多种技法和系列命题方式 □ 其他_____
		情节画	□ 引导幼儿认真观察、感知周围事物，以及事物之间的空间关系和相互表象，为情节画学习打下基础 □ 讲解并突出情节画的构图、布局特点 □ 运用多样化联系手段，发展幼儿情节画能力 □ 其他_____
	意愿画		□ 结合幼儿生活体验，帮助并启发幼儿确立意愿画活动内容 □ 创造宽松的作画环境，鼓励幼儿大胆进行意愿画活动 □ 根据幼儿不同能力给予针对性的指导和帮助 □ 评价时注重幼儿的创造性 □ 其他_____
	装饰画		□ 引导幼儿观察、欣赏大自然和日常生活中美的花纹、图案和形式等 □ 帮助幼儿掌握简单花纹图案的技能 □ 帮助幼儿掌握排列花纹和找位置的方法 □ 帮助幼儿掌握一些色彩的基本知识，培养使用色彩能力 □ 充分运用各种材料和手段，进一步培养幼儿想象力和创造力 □ 其他_____

请详细记录一个绘画教学活动。

活动名称：

活动目标：

活动准备：

活动过程：

活动延伸：

活动评价：

单元三：幼儿手工活动

幼儿园：　　　　　　　班级：　　　　　　　日期：

<table>
<tr><td rowspan="2">手工活动指导</td><td colspan="3">☐ 准备精美、有趣的范例
☐ 幼儿有着浓厚的活动兴趣
☐ 给予幼儿足够时间，使幼儿充分体验工具材料的性能
☐ 教师清楚讲解、演示基本技巧
☐ 制作过程中教师能够给予耐心的帮助与支持
☐ 其他_____</td></tr>
<tr><td>对作品的处理</td><td colspan="2">☐ 教师重视幼儿作品
☐ 教师平时注意收集保存幼儿作品
☐ 教师注意应用幼儿作品，如作为艺术品装点环境
☐ 收集应用幼儿作品时尊重幼儿意愿
☐ 其他_____</td></tr>
<tr><td rowspan="3">手工活动分类</td><td rowspan="3">泥工活动</td><td>材料</td><td>☐ 橡皮泥　　☐ 多彩泥　　☐ 自制面泥　　☐ 陶泥
☐ 其他_____</td></tr>
<tr><td>基本技能</td><td>☐ 团圆　　☐ 搓长　　☐ 压扁　　☐ 粘接
☐ 捏泥　　☐ 拉伸　　☐ 分泥
☐ 其他_____</td></tr>
<tr><td colspan="2">请记录一个泥工活动，并分析运用了哪些基本技能。</td></tr>
</table>

手工活动分类	纸工活动	材料		☐ 皱纹纸　　　　☐ 宣纸　　　　　☐ 彩色卡纸 ☐ 复印纸　　　　☐ 瓦楞纸　　　　☐ 包装纸 ☐ 挂历　　　　　☐ 报纸　　　　　☐ 废旧画报 ☐ 蜡光纸　　　　☐ 箱纸板　　　　☐ 贴花纸 ☐ 其他_____
		基本技巧	折纸	☐ 激发幼儿兴趣 ☐ 发挥幼儿想象力 ☐ 开拓幼儿创造力 ☐ 树立几何数理观念 ☐ 养成耐心细致的好习惯 ☐ 其他_____
			剪纸	☐ 丰富性 ☐ 多样性 ☐ 剪纸动作协调性 ☐ 幼儿能熟练使用剪刀 ☐ 其他_____
			撕纸	☐ 放松有趣 ☐ 生动稚拙 ☐ 粗放夸张 ☐ 独特美感 ☐ 其他_____
			拼贴纸	☐ 画面质感好 ☐ 幼儿兴趣强 ☐ 作品生动形象 ☐ 幼儿有一定的尝试空间 ☐ 其他_____
			染纸	☐ 装饰性 ☐ 多彩性 ☐ 操作简单 ☐ 纹样变化丰富 ☐ 其他_____
	其他材料手工活动			☐ 茶水扎染　　　　　　　☐ 卵石彩绘 ☐ 纸盒玩具　　　　　　　☐ 麦秸秆编结 ☐ 软陶制作　　　　　　　☐ 体验造纸 ☐ 拼图玩具制作　　　　　☐ 画框制作 ☐ 纸杯风车　　　　　　　☐ 毛线十字绣 ☐ 木偶制作　　　　　　　☐ 风筝 ☐ 面具制作　　　　　　　☐ 纸盘装饰 ☐ 玻璃瓶风铃　　　　　　☐ 刺绣 ☐ 其他_____ _____

请展示一名幼儿的手工活动作品,粘贴在此处。

单元四：幼儿美术欣赏活动

幼儿园：　　　　　　　　班级：　　　　　　　　日期：

欣赏内容	□ 绘画欣赏　　　　　　　　　　　　□ 雕塑欣赏 □ 工艺美术欣赏　　　　　　　　　　□ 建筑艺术欣赏 □ 自然景物欣赏　　　　　　　　　　□ 环境欣赏 □ 其他_____
作品选择	□ 符合幼儿年龄特点 □ 具有一定艺术性 □ 形式新颖内容丰富多彩 □ 注意欣赏作品的质量 □ 其他_____
活动目标	□ 充分考虑美术欣赏的年龄、阶段目标 □ 培养审美能力 □ 激发热爱民间艺术的情感 □ 其他_____
欣赏方法	□ 对话法　　　　　　　　　　　　　□ 比较法 □ 讲解法　　　　　　　　　　　　　□ 体验法 □ 其他_____
教学活动	□ 教师自身美术修养良好 □ 教师有丰富的幼儿美术教育经验 □ 教师在欣赏活动开展前帮助幼儿扩展知识经验 □ 教师能够激发幼儿参与审美活动的主动性 □ 幼儿的想象力与情感得到充分发展 □ 教师引导幼儿与作品积极互动 □ 教师引导和启发幼儿理解作品内容和形式 □ 其他_____

请描述一个美术欣赏活动并分析其特点。

单元五：幼儿园环境创设

幼儿园：　　　　　　　班级：　　　　　　　日期：

环境创设原则	☐ 教育性原则　　☐ 审美性原则 ☐ 趣味性原则　　☐ 参与性原则 ☐ 发展性原则　　☐ 动态性原则 ☐ 其他_____	
环境创设区域	活动室	☐ 墙面主题突出 ☐ 构图饱满、均衡、形象可爱、色彩协调 ☐ 墙面装饰高度适合幼儿观看 ☐ 整体美观，无杂乱无章之感 ☐ 其他_____
	其他区域装饰	☐ 多功能教室规划合理 ☐ 睡房简洁、轻松、色彩淡雅 ☐ 卫生间色彩温馨，空气流畅 ☐ 走廊装饰突出主题，图文并茂 ☐ 其他_____
造型	☐ 照顾低龄幼儿的认知能力、感知能力、心理欣赏的需要 ☐ 造型简洁大方，能吸引幼儿 ☐ 其他_____	
色彩	☐ 以明度高的纯色为主　　☐ 画面配色单纯 ☐ 色彩面积对比合理　　　☐ 主色调关系较好 ☐ 色彩表现接近自然生活　☐ 画面整体关系具有美感 ☐ 其他_____	
内容	☐ 内容贴近幼儿生活　　☐ 符合幼儿心理需求 ☐ 具有亲切感　　　　　☐ 能够培养幼儿审美情趣 ☐ 其他_____	
构图	☐ 单纯　　　　　☐ 饱满 ☐ 简洁明快　　　☐ 主题突出 ☐ 其他_____	

续　表

个案 观察	
反思 与 建议	

参考文献

［1］北京师范大学实验幼儿园.保育员工作指南［M］.北京：北京师范大学出版社,2012.

［2］蔡迎旗.学前教育概论［M］.武汉：华中师范大学出版社,2006.

［3］陈瑶.学前儿童语言教育［M］.北京：北京师范大学出版社,2014.

［4］杜素珍.幼儿园一日体育活动整合手册［M］.南京：南京师范大学出版社,2010.

［5］甘剑梅.学前儿童社会教育［M］.北京：中央广播电视大学出版社,2007.

［6］郭亦勤.学前儿童艺术教育活动指导（第2版）［M］.上海：复旦大学出版社,2009.

［7］黄瑾.学前儿童数学教育与活动指导［M］.上海：华东师范大学出版社,2014.

［8］黄瑾.幼儿园数学教育与活动设计［M］.北京：高等教育出版社,2010.

［9］贾洪亮.学前儿童科学教育［M］.上海：复旦大学出版社,2012.

［10］李桂英,许晓春.学前儿童艺术教育［M］.北京：高等教育出版社,2011.

［11］李君.学前儿童健康教育［M］.北京：科学出版社,2012.

［12］李姗泽.学前儿童健康教育［M］.北京：中央广播电视大学出版社,2008.

［13］李生兰.学前教育学（第3版）［M］.上海：华东师范大学出版社,2014.

［14］李维金.学前儿童科学教育（第2版）［M］.北京：科学出版社,2012.

［15］梁志燊.学前教育学［M］.北京：北京师范大学出版社,2014.

［16］刘苏.现代幼儿园管理［M］.天津：天津社会科学院出版社,2003.

［17］刘占兰.学前儿童科学教育［M］.北京：北京师范大学出版社,2008.

［18］罗长国,胡玉智.幼儿园管理［M］.北京：高等教育出版社,2011.

［19］麦少美,孙树珍.学前儿童健康教育［M］.上海：复旦大学出版社,2012.

［20］欧新明.学前儿童健康教育［M］.北京：教育科学出版社,2003.

［21］庞建萍,柳倩.学前儿童健康教育［M］.上海：华东师范大学出版社,2008.

［22］施燕.学前儿童科学教育与活动指导［M］.上海：华东师范大学出版社,2014.

［23］时松.幼儿园管理［M］.长春：东北师范大学出版社,2014.

［24］孙汀兰.学前儿童数学教育理论与实践［M］.北京：科学出版社,2009.

［25］汤志民.幼儿园环境创设指导与实例［M］.上海：华东师范大学出版社,2013.

［26］王冬兰.学前儿童科学教育［M］.上海：华东师范大学出版社,2010.

[27] 王惠然. 学前儿童艺术教育[M]. 北京：北京师范大学出版社,2014.

[28] 王娟. 学前儿童健康教育[M]. 上海：复旦大学出版社,2012.

[29] 吴邵萍. 幼儿园管理与实践[M]. 南京：江苏教育出版社,2012.

[30] 夏力. 学前儿童科学教育活动指导(第2版)[M]. 上海：复旦大学出版社,2009.

[31] 徐青. 学前儿童数学教育[M]. 北京：高等教育出版社,2011.

[32] 许卓娅. 学前儿童艺术教育[M]. 上海：华东师范大学出版社,2008.

[33] 姚伟. 学前教育学[M]. 长春：东北师范大学出版社,2012.

[34] 袁爱玲. 幼儿园教育环境创设[M]. 北京：高等教育出版社,2010.

[35] 张加蓉,卢伟. 学前儿童语言教育[M]. 上海：复旦大学出版社,2009.

[36] 张明红. 学前儿童社会教育[M]. 上海：华东师范大学出版社,2014.

[37] 张明红. 学前儿童语言教育[M]. 上海：华东师范大学出版社,2014.

[38] 张燕. 幼儿园管理[M]. 北京：人民教育出版社,2009.

[39] 赵振国. 学前儿童数学教育[M]. 郑州：郑州大学出版社,2014.

[40] 郑健成. 学前教育学[M]. 上海：复旦大学出版社,2007.

[41] 中国学前教育发展战略研究课题组. 中国学前教育发展战略研究[M]. 北京：教育科学出版社,2010.

[42] 周梅林. 学前儿童社会教育[M]. 上海：复旦大学出版社,2012.

[43] 朱海琳. 学前儿童语言教育[M]. 北京：科学出版社,2009.

[44] 朱家雄. 幼儿园课程(第2版)[M]. 上海：华东师范大学出版社,2011.

[45] 朱宗顺,陈文华. 学前教育学[M]. 北京：北京师范大学出版社,2012.

[46] 祝士媛. 学前儿童语言教育[M]. 北京：北京师范大学出版社,2010.